Gesetz
über die
religiöse Kindererziehung
vom 15. Juli 1921.

Mit Einleitung und Erläuterungen

von

Theodor von der Pfordten,
Rat am Obersten Landesgericht in München.

1922
München, Berlin und Leipzig
J. Schweitzer Verlag (Arthur Sellier).

Druck von Dr. F. P. Datterer & Cie., Freising

Vorwort.

Die Ausgabe will vor allem der Rechtsanwendung dienen, dem Vormundschaftsrichter, dem Geistlichen und Lehrer und allen mit der Jugendfürsorge Befaßten die Arbeit mit dem neuen Gesetz erleichtern. Eben deshalb durfte sie sich aber nicht auf einen bloßen Bericht über die neuen Vorschriften beschränken, sondern mußte auch zu der Neuregelung kritisch Stellung nehmen. Denn die Kämpfe werden gerade da entbrennen, wo die Schwächen des Gesetzes liegen. Auch hat ein Gesetz über religiöse Kindererziehung nicht nur juristisch-technische Bedeutung, sondern wirkt stark auf die geistige Zukunft unseres Volkes. In solchen Fragen aber darf man mit der eigenen Meinung nicht hinter dem Berge halten.

Da die Ausgabe auch in die Hand nicht streng juristisch vorgebildeter Leser kommen soll, sind die Vorschriften des bürgerlichen Rechts und der freiwilligen Gerichtsbarkeit möglichst ausführlich wiedergegeben. Für den Juristen hätte oft eine bloße Verweisung genügt; anderen Lesern aber wäre damit nicht gedient.

Im März 1922.

Der Verfasser.

Abkürzungen und Verweisungen.

Die Abkürzungen von Gesetzen u. dgl. sind die allgemein üblichen. In der Einleitung und in den Erläuterungen sind außerdem abgekürzt Erziehung mit Erz., religiös mit rel. (auch in Zusammensetzungen), Vormundschaftsgericht mit VormGer.

Nur mit dem Namen der Verfasser sind angeführt:

Bonin, Dr. v., Konsistorialrat; Reichsgesetz über die rel. KinderErz. (Berlin 1922, Carl Heymanns Verlag);

Besig, Konsistorialrat; Die Grundsätze über die rel. KinderErz. nach dem RG. vom 15. Juli 1921 (2. Aufl., Berlin 1922, Verlag des Evang. Bundes);

Perels, Dr., Universitätsprofessor; Das Reichsgesetz über die rel. KinderErz. (Leipziger Zeitschrift 1921 Nr. 21/22).

Spitta, Oberamtsrichter; Das Reichsgesetz über die rel. KinderErz. vom 15. Juli 1921 (Zeitschrift für Rechtspflege in Bayern 1922 Nr. 1);

von der Pfordten; Die reichsrechtliche Regelung der rel. KinderErz. (Bayer. Gemeinde- u. Verwaltungszeitung 1922 Nr. 6 ff.).

Einleitung.

I. Allgemeiner Überblick.

Vom Standpunkt der reinen Vernunft aus mag es als selbstverständlich erscheinen, daß sich der Staat nicht in rel. Fragen einmischt. Die geschichtliche Entwickelung in Deutschland verlief anders. Erst nach harten Kämpfen rang sich die Glaubens- u. Gewissensfreiheit wenigstens grundsätzlich durch. Damit fiel wohl für den einzelnen Staatsbürger der Zwang weg, einem bestimmten Bekenntnis oder überhaupt einem kirchlichen Bekenntnis anzugehören, aber keineswegs wurden damit Staat u. Kirche schon reinlich geschieden. Die tiefeingreifenden Nachwirkungen älterer Zeiten ließen sich nicht einfach durch theoretische Formeln beseitigen. Der Staat wollte nicht auf seine sozusagen schiedsrichterliche Stellung über den Bekenntnissen verzichten; er konnte es gerade da am wenigsten, wo die neuen Grundsätze einer schutzbedürftigen, bisher zurückgedrängten Minderheit zugute kamen. Er wollte und konnte auch bei dem geschichtlich begründeten starken Einfluß der Kirchen auf das Volksleben u. das öffentliche Wohl nicht schlechthin jede Einmischung in innerkirchliche Angelegenheiten aufgeben. Andererseits blieb dieser Einfluß der Kirchen noch geraume Zeit bestehen, äußerlich geduldet, ja geradezu anerkannt durch die fortdauernde Mitwirkung geistlicher Stellen auch in weltlich-staatlichen Angelegenheiten (Armenpflege, Unterrichtswesen u. dgl.).

Erst mit dem fortschreitenden Sinken der inneren Kraft rel. Überzeugungen u. mit der steigenden sozialen und staatlichen Zersetzung Deutschlands nahm der Gedanke schärferer Trennung von Staat u. Kirche greifbare Gestalt an: restlos wurde er auch jetzt nicht durchgeführt. Die RV. von 1919 hat zwar Schritte nach dieser Richtung getan, ist aber wie auch sonst häufig in mehr oder weniger unklaren Zwiespältigkeiten stecken geblieben. In Art. 137 Abs. 1 verordnet sie, daß keine Staatskirche besteht u. kehrt sich damit einseitig u. zum Teil von Mißverständnissen beeinflußt gegen eine bestimmte Form des evangelischen Kirchenregiments. Sie verkündet aber nicht den Grundsatz völliger Trennung von Staat u. Kirche; Art. 137 Abs. 5 mit seiner Anerkennung bestimmter Religionsgesellschaften als Körperschaften des öffentlichen Rechts widerspricht ihm vielmehr geradezu.[1])

Wenn man rein gedanklich vorgeht u. das geschichtlich Gewordene außer acht läßt, wird man auch dazu kommen, jede sachliche Einmischung des Staates in die rel. Kinder-Erz. zu verpönen: der Staat hätte dann dieses Gebiet nur insoweit zu regeln, als das Recht der rel. Erziehung einen Teil der allgemeinen bürgerlich-rechtlichen ErzGewalt bildet; im übrigen hätte er jedes Bekenntnis u. jede Form rel. oder nicht-rel. Weltanschauung gleichmäßig zu werten. Diese Auffassung gewann seit der Durchführung der allgemeinen Gewissensfreiheit immer mehr an Boden. Ihr Zusammenstoß mit den tatsächlichen Verhältnissen u. andersgearteten religionspolitischen Richtungen führte zu einer Fülle leidiger Streitfragen, die weder in der Wissenschaft noch im Leben ganz befriedigend gelöst werden konnten. Die Landesrechte aus der Zeit zwischen 1800 u. 1900 — nicht nur äußerlich zersplittert, sondern auch dem Inhalte nach buntscheckig — spiegeln das Neben- u. Ineinanderlaufen gegensätzlicher Bestrebungen deutlich

---

[1]) S. Anschütz, Bem. 1, Poetzsch, Bem. 2 zu Art. 137 RV.

wieder.[1]) Ein einheitlicher Grundzug fehlt. Zwar wird vielfach auf die bürgerlich-rechtliche ErzGewalt abgestellt, aber daneben gibt es doch auch noch gesetzliche Bindungen; es tritt das Bestreben hervor, um des öffentlichen Friedens willen rel. Beeinflussungen auszuschalten,[2]) einem Wechsel des Bekenntnisses nach Möglichkeit vorzubeugen, die Einheit der Familie zu wahren. Mitunter blickt auch der Gedanke durch, daß das Staatswohl die Erz. rel. gesinnter u. zwar christlich-rel. Menschen fordere. Die Stellung zu den Bekenntnislosen ist deshalb vielfach unentschieden u. nicht recht durchsichtig. Ein Teil der Rechte regelt die Verhältnisse für alle Ehen, ein anderer vornehmlich oder ausschließlich für Mischehen. Der Erz-Vertrag wird hier zugelassen u. mit Formvorschriften umgeben, dort ausgeschlossen. Das Unterscheidungsalter bewegt sich zwischen 12 und 21 Jahren. Vielfach sind gesetzliche Zuweisungen an das Bekenntnis eines Elternteils vorgesehen, wenn auch z. T. nur für den Fall, daß keine andere gültige Bestimmung vorliegt.

Bei den Vorarbeiten zum BGB. war man noch keineswegs im Klaren darüber, ob man es mit einem Gegenstande des öffentlichen oder des bürgerlichen Rechts zu tun habe. Zwar gewann schließlich die Meinung die Oberhand, daß das Reich an sich befugt sei, ihn im Rahmen des bürgerlichen Rechts zu regeln; man sah dann aber aus Gründen der Politik u. der Zweckmäßigkeit doch davon ab, sich mit dem heiklen Stoffe zu befassen, um nicht dem Gesetzgebungswerke Schwierigkeiten zu bereiten.[3])

[1]) Eine gute, auch jetzt noch lesenswerte Zusammenstellung in der RTDrucks. 372, 10. Legisl.-Per. II. Sess. 1900/01 S. 102 ff.

[2]) Bemerkenswert sind in diesem Punkte ältere sächsische Strafvorschriften gegen Proselytenmacherei.

[3]) Eine übersichtliche kurze Zusammenstellung über diese Vorgänge s. RTDrucks. Nr. 791, 11. Legisl.-Per. I Sess. 1903/05 S. 140 ff.

So kam es zu dem Vorbehalt für das Landesrecht im Art. 134 EGBGB. Immerhin war das BGB. von bedeutendem sachlichen Einflusse insoweit, als das ältere Recht auf Bestimmungen des bürgerlichen Rechts verwies. Ferner regelten einzelne Bundesstaaten die rel. KinderErz. nunmehr neu im Zusammenhang mit der Ausführung des BGB. (so Hessen, Lübeck, Elsaß-Lothringen, thüringische Staaten). Keinen Erfolg hatten die späteren Versuche, durch die sog. Toleranzanträge eine reichsgesetzliche Regelung herbeizuführen.

Das Reichsgesetz vom 15. Juli 1921 — aus der Mitte des Reichstags hervorgegangen [1]) — hat nun die bürgerlich-rechtliche Eigenschaft des Stoffes ganz entschieden in den Vordergrund gestellt. Das mußte schon geschehen, um die Grundlage für die Zuständigkeit nach Art. 7 Nr. 1 der RV. zu gewinnen. Beinahe überstark hat man betont, daß das Gesetz den Gegenstand nur regle, soweit er privatrechtlich sei, daß es keine öffentlich-rechtlichen Verbindlichkeiten schaffe, die Frage der rechtlichen Zugehörigkeit zu einer Glaubensgemeinschaft und nach der Gültigkeit eines Kirchenaustritts nicht berühre. In der Tat liest sich das Gesetz wie ein Ausführungs- oder Ergänzungsgesetz zum BGB., ja es ist überhaupt nur verständlich, wenn man die einschlagenden Vorschriften des BGB. zur Hand oder im Kopfe hat. Mit alledem ist aber noch nicht dargetan, daß wir hier wirklich nur ein Stück des bürgerlichen Rechts vor uns haben. Soviel freilich ist sicher: Zweifel über die Zuständigkeit des Reichs haben jetzt keinen Zweck mehr. Aber die richtige Erkenntnis vom Wesen des im Gesetze behandelten Stoffes hat immerhin ihre Bedeutung für die Auslegung des Gesetzes im allgemeinen wie im einzelnen (s. z. B. Bem. 2 zu § 8). Und da muß denn gesagt werden,

---

[1]) Bemerkenswert ist der Ausschußbericht, RTDrucks. 1920/21 Nr. 2317.

daß mit dem geflissentlichen Hervorkehren der bürgerlich-rechtlichen Seite noch nicht das letzte Wort gesprochen ist. Man ändert das innere Wesen eines Dinges nicht dadurch, daß man es so oder so bezeichnet. Vielmehr muß es geradezu stutzig machen, wenn auf solche Bezeichnung recht auffällig Gewicht gelegt wird — regelmäßig soll damit eine Schwäche der Beweisführung verdeckt werden.

Das Gesetz empfängt allerdings einen großen Teil seines Inhalts aus dem bürgerlichen Recht, auf dessen Normen es Bezug nimmt. Aber gerade, indem es das tut, indem es im Wesentlichen die freie Wahl des Erz.-Berechtigten oder die gemeinsame Entschließung mehrerer ErzBerechtigter entscheiden läßt, zieht es eine Grenze für die staatliche Einmischung auf diesem Gebiet, ruht also auf einem freilich die Staatsgewalt beschränkenden Grundsatz des öffentlichen Rechts. Wie man es als ein Nebengesetz zum BGB. hinstellen kann, ebensogut kann man es auch als ein Vollzugsgesetz zu den Art. 135, 136, 137, 149 Abs. 2 der RV. bezeichnen, das dem Ausbau des neuen Reichs-Kirchenstaatsrechts dienen u. die volle Glaubens- u. Gewissensfreiheit erst recht gewährleisten soll. Mittelbar greift es tatsächlich trotz der parlamentarischen Gegenbehauptungen in das Gebiet der Kirchenzugehörigkeit u. des Kirchen-Eintritts u. -Austritts hinüber. Entscheidungen auf diesen Gebieten setzen eben vielfach ein Zurückgreifen auf das KinderErzG. voraus u. das Gleiche wird sich bei Zweifeln über die Steuerpflicht zu einer Religionsgesellschaft nach Art. 137 Abs. 6 der RV. ergeben. Indem ferner das Gesetz Streitigkeiten dem VormGer. überweist, bestimmt es eine Staatsbehörde, die zur Wahrung des rel. Friedens u. der verfassungsmäßig niedergelegten Bekenntnisfreiheit vermittelnd u. entscheidend eingreift. Indem es vollends für die wichtigsten Fälle dem Richter Rücksicht auf den ErzZweck gebietet, verweist es auf Maßstäbe, die dem Gesamtvolksleben zu entnehmen sind u.

bei deren Anlegung das öffentliche Interesse an einer gedeihlichen Entwickelung des Nachwuchses keinesfalls außer Betracht bleiben darf.

Trotz aller gegenteiligen Versicherungen wird es also dabei bleiben müssen, daß wir in der rel. KinderErz. ein Gebiet vor uns haben, das noch immer auf der Grenze zwischen öffentlichem u. bürgerlichem Rechte liegt.[1] [2] Auch das Gesetz kommt eben über die Macht der Tatsachen nicht hinweg.

II. Die Grundgedanken des Gesetzes.

1. Das Gesetz macht im wesentlichen keinen Unterschied zwischen gemischten u. ungemischten Ehen. Diese gleichmäßige Behandlung trägt sehr zur Vereinfachung bei; ob sie auch immer innerlich gerechtfertigt ist, kann zweifelhaft sein. Gesetzliche Zuweisungen kennt das Gesetz nicht, immer muß eine Entscheidung für den Einzelfall getroffen werden, sei es von den ErzBerechtigten, sei es vom Vormundschaftsgericht.

Will man das Gesetz richtig verstehen, so muß man sich vor allem vor der Auffassung hüten, als ob bei der rel. Erz. die Vertretung des Kindes im Rechtsverkehr in Frage stehe. Zwar können im Rahmen der rel Erz. auch rechtsgeschäftliche Handlungen namens des Kindes vorgenommen werden. Das sind aber Nebenerscheinungen. Bei den hauptsächlichsten Entscheidungen, insbes. bei der

[1]) In diesem Sinne möchte ich meine einleitenden Ausführungen in BayGemVerwZ 1922 Sp. 129/30 berichtigen und ergänzen.

[2]) Zutreffend bemerkt Rothenbücher (Die Trennung von Staat u. Kirche, München 1908, S. 438), es ergebe sich nicht notwendig aus der Trennung, daß der Staat die Religion überhaupt unbeachtet läßt, aus dem öffentlichen Leben verbannt u. ihre Grundsätze bei der Gestaltung des Staatslebens nicht berücksichtigt.

Glaubenswahl, üben vielmehr die ErzBerechtigten ihr eigenes Fürsorgerecht aus.

2. Das Gesetz geht davon aus, daß das Recht der rel. Erz. einen unverzichtbaren Teil der bürgerlich-rechtlichen ErzGewalt bildet, daß aber deren Ausübung in mancherlei Hinsicht eingeschränkt ist zugunsten eines mitbestimmungsberechtigten Elternteils oder zugunsten der Entscheidungen eines früher ErzBerechtigten (§§ 2, 3). Alles wäre nun einfach und klar geworden, wenn man diesen Gedanken auch unverfärbt ausgesprochen hätte. Dagegen hat man den Aufbau des Gesetzes grundlos verkünstelt, indem man an die Spitze den Satz stellte, daß über die rel. Erz. die Einigung der Eltern bestimme (§ 1). Diese Einigung, die stets widerruflich ist, durch den Tod eines Ehegatten gelöst wird u. durch den vieldeutigen Zusatz „frei" noch ins Unbestimmte verflüchtigt ist, entscheidet in Wahrheit durchaus nicht vorwiegend. Denn es steht im Belieben des nach bürgerlichem Recht in ErzFragen maßgebenden Elternteils — zumeist also des Vaters — ob u. inwieweit er sich binden will. Läßt er sich auf keine Einigung ein oder hebt er sie einseitig auf, so entscheidet eben doch sein Wille, aber er bedarf hinwiederum für bestimmte Fälle der Zustimmung des anderen Ehegatten. Durch diesen absonderlichen Aufbau ist alles schief geworden, ja das Gesetz dreht sich bei ganz einfachem Tatbestand im Kreise herum. Zuerst Einigung, dann freies Widerrufsrecht des Vaters, dann aber keine unbeschränkte Verfügung sondern wieder gesetzliche Bindung an den Willen der Mutter.

Der Urgrund dieser unklaren Regelung ist wohl in einer alten Vorschrift des Preuß. Allgem. LR zu finden (Teil II Tit. 2 § 78): „Solange jedoch Eltern über den ihren Kindern zu ertheilenden Religionsunterricht einig sind, hat kein Dritter ein Recht, ihnen darin zu widersprechen". Dieser Satz hatte in früheren Verhältnissen seinen guten Sinn; jetzt, da die Glaubens- u. Gewissensfreiheit verfassungsmäßig längst anerkannt ist, enthält er nur mehr eine naive Selbstverständlichkeit. Es ist ein juristisches Zwittergebilde aus ihm geformt worden, das aus dem Tatsächlichen ins Rechtliche hinüberspielt, mit hohen Ansprüchen auftritt, in Wirklichkeit aber nicht viel bedeutet.

3. Den eigentlichen Kern des Gesetzes bilden sonach die §§ 2, 3. Beim Mangel einer Einigung gelten für die rel. Erz. die Vorschriften des BGB. über das Recht u. die Pflicht, für die Person des Kindes zu sorgen. Wo von vornherein nur ein erzberechtigter Elternteil vorhanden ist, wie insbesondere bei unehelichen Kindern, entscheidet dieser allein. Bei ehelichen Kindern darf dagegen ein Elternteil während bestehender Ehe bestimmte Verfügungen nur mit Zustimmung des andern treffen; vor allem darf er ohne sie kein Kind aus dem zur Zeit der Eheschließung gemeinsamen Bekenntnis herausnehmen oder einem anderen Bekenntnis als bisher zuführen. Für ungemischte Ehen reicht diese Regelung aus, für gemischte läßt sie eine Lücke insofern, als die Rechte der Frau bei der ersten Entscheidung über die Glaubenswahl nicht genügend gesichert sind. Wenn ein Vormund oder Pfleger nur neben einem Elternteil für die Person des Kindes zu sorgen hat, so gibt bei der Entscheidung über die rel. Erz. die Meinung des Vaters oder der Mutter den Ausschlag. Der allein erzberechtigte Vormund oder Pfleger kann über die rel. Erz. des Kindes nur mit Genehmigung des VormGer. bestimmen; eine frühere Bestimmung kann er überhaupt nicht ändern.

4. Wo die vom Gesetze geforderte gemeinsame Entschließung der Eltern nicht zu erzielen ist, entscheidet auf Antrag das VormGer. nach freiem Ermessen über die rel. Erz. Dabei sind nur die Zwecke der Erz. für die

Wahl des Bekenntnisses maßgebend. Bei der Genehmigung der von einem allein erzberechtigten Vormund oder Pfleger getroffenen Wahl ist gleichfalls nur die Rücksicht auf das Wohl des Mündels entscheidend. Immerhin sind Vormund u. Pfleger gegenüber dem VormGer. selbständiger als streitende Eltern; ihr Antrag auf Genehmigung kann zwar abgelehnt werden, aber von sich aus bestimmen kann das Gericht ihnen gegenüber nichts.

Für Mischehen u. ungemischte Ehen ergibt sich bei dieser Art der Regelung das Merkwürdige, daß mangels einer Einigung der Eltern in letzter Instanz die Staatsgewalt die rel. Erz. bestimmt. Da kein Vertrag zugelassen ist (s. unten Nr. 5) u. keine gesetzliche Zuweisungsnorm vorliegt, fehlt es an jedem festen Anhalt für die Entscheidung: sie muß ganz aus der Lage des Einzelfalls gewonnen werden. Der Staat, der sich der reinen Lehre nach jeder rel. Einmischung zu enthalten hat, greift hier nach eigenem Gutdünken selbständig in die rel Erz ein. Dem VormRichter erwächst eine außerordentliche Verantwortung. Vielfach wird er sich zwischen zwei Feuer gestellt sehen. Bei der Gehässigkeit weiter Kreise gegen den Richterstand u bei der deutschen Neigung, jeden Fall zu politischen Zwecken auszubeuten, werden sich die Angriffe auf die staatliche Rechtspflege mehren.

5. Dem ErzVertrag entzieht das Gesetz die bürgerliche Wirkung (§ 4), obwohl sich solche Verträge in weiten Teilen Deutschlands gut bewährt hatten. Es ist zuzugeben, daß über ErzRechte an sich nicht vertragsmäßig verfügt werden kann, weil sie zugleich Pflichten gegenüber der Allgemeinheit bedeuten. Aber nichts hätte einer gesetzlichen Ausnahme von diesem Grundsatz entgegengestanden. Denn die feste Stetigkeit der rel. Erz., die ein bindender Vertrag gewährleistet, beugt ehezerrüttenden Streitigkeiten von vorneherein vor, dient dem rel. Frieden u. verhindert ein Hin- u. Herzerren

der Kinder zwischen verschiedenen Bekenntnissen. Einer Übereilung konnten strenge Formvorschriften (gerichtliche oder notarielle Beurkundung) entgegenwirken. Es wäre auch nur wünschenswert, daß sich Brautleute eine für die gedeihliche Entwickelung der Ehe so wichtige Frage rechtzeitig überlegen, sie ein- für allemal bindend regeln u. nicht die Auseinandersetzung auf später verschieben oder gar leichtfertig Versprechungen geben in der Erwartung, daß diese doch nicht eingehalten zu werden brauchen. Keinesfalls geht es bei der Art der Rechtsentwickelung in Deutschland an, solche Verträge schlechthin als unsittlich zu bezeichnen. Es mag sein, daß eine unabänderliche Vereinbarung als drückend empfunden wird, wenn das Begehren nach der ehelichen Vereinigung gestillt ist u. nüchterne Erwägungen wieder Raum gewinnen. Aber mindestens ebenso üble Folgen entsteh n, wenn ein Bewerber seine Ziele durch feierliche u anscheinend ernstliche Zusagen erreichen u. sich dann hinterher auf deren rechtliche Unwirksamkeit berufen kann. Allerlei bewußte Täuschungen werden dadurch ermöglicht, der Gewissenhafte u. anständig Gesinnte wird vielfach zugunsten des Hinterhältigen benachteiligt. Anfechtung u. Scheidung der Ehe, auch Anträge nach § 1666 BGB. können die Folge sein (s. Bem. 3 zu § 4); auf diese Art kann hier u dort einer Arglist begegnet werden, aber die Rechtssicherheit u. der Familienfriede werden gewiß nicht gefördert.

Älteren Verträgen läßt das Gesetz Wirkung wenigstens in beschränktem Umfang (§ 9).

6. Das rel Selbstbestimmungsrecht des Kindes läßt das Gesetz (§ 5) mit dem vollendeten 14. Lebensjahr eintreten, also viel zu zeitig. Vom vollendeten 12 Lebensjahr an ist ein Wechsel des Bekenntnisses nur mit der Zustimmung des Kindes möglich.

7. Das Gesetz sagt nicht ausdrücklich, was alles unter rel. Erz. inbegriffen sein soll. Das ist keineswegs so

schlechthin selbstverständlich. Die rel. Erziehung umfaßt dem natürlichen Sinne des Ausdrucks nach eine große Zahl sehr verschiedenartiger Handlungen u. Vorgänge: die Zuweisung zu einer bestimmten Glaubensgemeinschaft, die förmliche äußere Aufnahme, die Sorge für Beteiligung an den Feiern u. Kulthandlungen, den schulmäßigen Unterricht in den Glaubens- u. Sittenlehren, u. U. auch die Unterbringung in einer von Bekenntnis-Angehörigen geleiteten Anstalt, endlich auch die innere erzieherische Einwirkung, die rel.-sittliche Unterweisung innerhalb des täglichen Lebens. Gehört nun all dies auch zum rechtlichen Begriffe der rel. Erz. oder ist er enger? Ist er überall auch im gleichen Sinne verwendet, wo er im Gesetz auftritt? Das kann im einzelnen sehr zweifelhaft sein. Das Gesetz scheint seinem Wortlaute nach zumeist nur an die rein formelle Bestimmung des Bekenntnisses zu denken, an die äußerliche Überweisung an eine Glaubensform. Nur einmal besinnt es sich darauf, daß diese nicht allein bedeutungsvoll ist, sondern daß es auch andere Arten von ErzHandlungen gibt (s. Bem. III 4 c zu § 2). Eine gesunde Auslegung fordert nun bei mehreren gesetzlichen Vorschriften, daß der Begriff über den bloßen Wortlaut hinaus auf alle ErzHandlungen erstreckt wird, die eine Glaubenswahl oder einen Glaubenswechsel vorbereiten oder tatsächlich einleiten sollen, ohne sich in förmlichem Eintritt oder Austritt zu verkörpern. Andererseits kann nicht jede innerliche Einwirkung auf das Kind hierher gezogen werden, weil sonst das ganze Familienleben unter gerichtliche Aufsicht käme, ohne daß doch dabei viel Greifbares erzielt würde. Wenn also z. B. der Vater im täglichen Umgange dem Sohne seine eigenen rel. Überzeugungen auseinandersetzt u. ihn darüber aufklärt, wie er selbst diese oder jene Anschauung wertet, so gehört das wohl im natürlichen nicht aber im rechtlichen Sinne zur rel. Erz.; es wäre undenkbar, hierbei etwa einen

Ehegatten an die Zustimmung des andern zu binden. Jedoch können solche Vorgänge u. U. zu einem Eingreifen nach § 1666 BGB. Anlaß geben, wenn sie geradezu auf eine tatsächliche Änderung einer den gesetzlichen Vorschriften gemäß durchzuführenden rel. Erz. abzielen, wenn also z. B. das Kind erweislich dem Bekenntnis entfremdet werden soll, dem es auf Grund einer gerichtlichen Entscheidung bisher angehört hat.

8. Den Grundsätzen der Art. 135, 136 der RV. entspricht es, daß auf dem Gebiete des rel. ErzRechts kein rechtlicher Unterschied zwischen den einzelnen Bekenntnissen gemacht wird u. daß auch die sog. Dissidenten keiner Sonderbehandlung unterworfen werden. Die als Körperschaften des öffentlichen Rechts anerkannten Glaubensgesellschaften (RV. Art. 137 Abs. 5 u. 6) genießen keine bevorzugte Stellung. Das Gesetz erkennt ausdrücklich an, daß auch eine nicht-rel. Erz. zulässig ist, u. unterwirft diese der nämlichen Regelung wie die kirchliche oder rel. Erz. im engeren Sinne (§ 6). Andererseits verweist das Gesetz in § 2 Abs. 3 auf den ErzZweck u. läßt in § 7 keinen Zweifel darüber, daß der Gebrauch der gesetzlich gewährleisteten Gewissensfreiheit im Einzelfalle in eine Pflichtwidrigkeit ausarten kann (s. Bem. IV 3 d zu § 2, Bem. 2 zu § 6 u. Bem. IV zu § 7). Dadurch ergibt sich ein gewisser Widerstreit zwischen der rechtlichen Gleichstellung aller Glaubensformen u. dem Hereinziehen außerrechtlicher Maßstäbe, bei dem es nicht ohne Urteile über die erzieherische Brauchbarkeit einer Weltanschauung abgeht. Auch hier zeigt sich also, daß kein Gesetz lehrhafte Meinungen gegenüber den Anforderungen des geschichtlich wachsenden Lebens rein verwirklichen kann.

Gesetz über die religiöse Kindererziehung vom 15. Juli 1921.

(RGBl. 939).[1])

Der Reichstag hat das folgende Gesetz beschlossen, das mit Zustimmung des Reichsrats hiermit verkündet wird:

§ 1.

Über die religiöse Erziehung eines Kindes bestimmt die freie Einigung der Eltern, soweit ihnen das Recht und die Pflicht zusteht, für die Person des Kindes zu sorgen. Die Einigung ist jederzeit widerruflich und wird durch den Tod eines Ehegatten gelöst.

1. Die Einigung ist kein Rechtsgeschäft, insbes. kein Vertrag, das Ges. stellt sie vielmehr ausdrücklich in Gegensatz zum ErzVertrag (§ 4). Sie ist ein tatsächlicher Zustand, an den sich allerdings Rechtsfolgen knüpfen können. § 1 sagt im Wesentlichen nur, daß es keiner Entscheidung bedarf, solange die Eltern übereinstimmen. An Bedeutung steht sonach § 1 gegenüber der Regelung in den §§ 2, 3 zurück, zumal da die Einigung jederzeit beseitigt werden kann. Während bestehender Ehe entscheidet letzten Endes nicht die Einigung, sondern der nach bürgerl. Recht ErzBerechtigte, allerdings mit den Einschränkungen des § 2 Abs. 2, 3. Dagegen wirkt die

---

[1]) Verkündet am 29. Juli 1921.

Einigung u. U. auf das Bestimmungsrecht eines später eintretenden ErzBerechtigten ein (§ 3 Abs. 2 letzter Satz u. § 10) u. darin liegt hauptsächlich ihre rechtliche Tragweite.

2. Eine Einigung ist nur denkbar zwischen den Eltern des Kindes, bei Annahme an Kindes Statt nur dann, wenn ein Ehepaar ein Kind gemeinschaftlich annimmt oder wenn ein Ehegatte das Kind des andern annimmt (BGB. § 1757 Abs. 2). Dem unehelichen Vater stehen keine Eltern- u. ErzRechte zu, eine Einigung ist also ausgeschlossen; maßgebend ist hiernach für uneheliche Kinder § 2 u. allenfalls § 3. Bei Ehelichkeitserklärung erlangt der Vater allein die elterliche Gewalt, die Mutter verliert das ErzRecht (BGB. §§ 1736, 1738); eine Einigung ist also hier gleichfalls nicht möglich (anders bei Legitimation durch nachfolgende Ehe; BGB. § 1719; s. im übrigen wegen der unehel. Kinder Bem. II 3 zu § 2 und Bem. III zu § 3).

Das Recht zur Einigung fließt aus dem Recht der persönlichen Fürsorge für das Kind, nicht aus dem Vertretungsrecht (s. Einl. II 1). Sie setzt daher voraus, daß beiden Teilen dieses Recht im Einzelfall auch tatsächlich zusteht, zum mindesten muß ein Mitbestimmungsrecht vorhanden sein (BGB. § 1634, § 1676 Abs. 2 Satz 2). Nach der Scheidung hat gemäß § 1635 BGB. regelmäßig nur ein Teil ein ErzRecht u. folgerecht kann dann auch keine Einigung mehr zustande kommen. Das Gleiche muß gelten, wenn die elterliche Gewalt des Vaters ruht, weil er geschäftsunfähig ist oder weil das VormGer. festgestellt hat, daß er auf längere Zeit an ihrer Ausübung tatsächlich verhindert ist (BGB. § 1676 Abs. 1, § 1677), oder wenn ihm gemäß § 1666 Abs. 1 BGB. das Recht der persönlichen Fürsorge entzogen ist. Eine andere Frage ist, ob in solchen Fällen eine schon früher zustandegekommene Einigung wegfällt (s. unten Bem. 5; im übrigen s. wegen der Einzelheiten der bürgerl.-rechtlichen Regelung des Fürsorgerechts Bem. II zu § 2).

3. **Die Einigung ist nicht denkbar, wenn einer der Ehegatten geschäftsunfähig ist (krankhafte Störung der**

Geistestätigkeit oder Entmündigung wegen Geisteskrankheit, BGB. § 104 Nr. 2, 3); nicht zu beachten ist ferner eine Einigung, bei der ein Teil bewußtlos oder vorübergehend geistesgestört war (BGB. § 105). Denn wenn auch die Einigung kein Rechtsgeschäft ist, so setzt sie doch die Fähigkeiten bewußten u. ernstlichen Wollens voraus. Minderjährigkeit der Ehefrau schließt dagegen die Einigung nicht aus. Auch bei sonstwie beschränkter Geschäftsfähigkeit eines Elternteils (BGB. § 114) ist sie zulässig, so im Falle des § 1676 Abs. 2 BGB., wenn die Mutter statt des Vaters die elterliche Gewalt ausübt (BGB. § 1685 Abs. 1); denn § 1676 Abs. 2 Satz 2 BGB. gesteht dem Vater in solchem Falle immerhin ein Mitbestimmungsrecht zu.

Die Einigung muß nach § 1 Satz 1 frei sein. Dieser unbestimmte, juristisch schwer faßbare Ausdruck kann dahin gedeutet werden, daß bloß ihre Unverbindlichkeit u. die Möglichkeit des Widerrufs damit umschrieben werden sollten. Gemeint ist aber wohl auch, daß die Einigung den wirklichen Willen beider Elternteile ausdrücken u. nicht unter dem Einflusse eines unzulässigen Druckes vollzogen worden sein soll. Immerhin wird man dabei nur greifbare Einwirkungen auf den Willen berücksichtigen können, so arglistige Täuschung, unmittelbaren Zwang (z. B. durch Mißhandlung), Drohungen, allenfalls auch die Verweigerung kirchlicher Trauung (s. Besig S. 7, Bonin Bem. 2 zu § 1). Zu weit ginge es dagegen, wenn man eine durch bloße Stimmung, durch sinnliches Begehren, Zärtlichkeiten, Schmeicheleien, gütliches Zureden u. dgl. beeinflußte Einigung als unfrei ansehen wollte (so Bonin a. a. O.). Damit käme man ins Unbestimmte u. Uferlose u. würde faulen Ausreden Tür u. Tor öffnen. Übrigens besteht die Möglichkeit des Widerrufs für den, der sich übertölpelt glaubt, er bedarf also keines besonderen Schutzes. Der später eintretende Vormund oder Pfleger aber hat nach § 3 Abs. 2 letzter Satz u. U. zu prüfen, ob die rel. Erz. durch eine wirksame Einigung bestimmt war, u. es wäre überaus bedenklich, hiebei auf Umstände abzustellen, die sich niemals einwandfrei aufklären lassen.

4. Die Einigung kann ausdrücklich, aber auch durch schlüssige Handlungen zustande kommen, z. B. auch durch bloßes Unterlassen eines Widerspruchs, falls die Verfügungen des anderen Teiles bekannt sind. Wer nur abwesend oder vorübergehend tatsächlich verhindert ist, kann nicht schlechthin als zustimmend gelten. Das Recht zur Einigung kann nicht übertragen u. durch einen Vertreter nur insoweit ausgeübt werden, als dieser nach bestimmten Weisungen seines Auftraggebers handelt, ihn also nicht im Willen sondern bei der Erklärung des Willens vertritt. Sog. Pflegeeltern haben hiernach auf die rel. Erz. nur insoweit Einfluß, als ihnen die Eltern solchen zugestehen (Spitta, BayZR. 1922 S. 5; von der Pfordten, BayGemVerwZ. 1922 Sp. 133; unzutreffend Bonin, Bem. 4 zu § 1).

5. Die Einigung ist jederzeit widerruflich; auch der Widerruf kann ausdrücklich oder durch schlüssige Handlungen erklärt werden. Er ist zwar keine empfangsbedürftige Willenserklärung i. S. des § 130 BGB., weil die Einigung kein Rechtsgeschäft ist u. folgerecht auch der Widerruf nur das tatsächliche Aufhören der Willensübereinstimmung bedeutet. Immerhin muß der Widerruf irgendwie dem andern Teil zur Kenntnis gebracht werden; ein bloß inneres Wollen, das keinen Ausdruck gefunden hat, ist kein Widerruf. Für die Vertretung gilt das gleiche wie bei der Einigung.

6. Die Einigung erlischt kraft ausdrücklicher gesetzlicher Vorschrift mit dem Tode eines Ehegatten. Die Todeserklärung steht dem gleich (BGB. § 18). Fraglich kann sein, ob die Einigung auch mit der Ehescheidung u. mit dem Wegfalle des ErzRechts eines Teiles von selbst aufhört (s. Bonin, Bem. 4 u. 8 zu § 1 — die beiden Bem. sind übrigens unter sich nicht recht zu vereinigen — Besig S. 6). Das Schweigen des Gesetzes, das nur den Tod hervorhebt, kann dahin gedeutet werden, daß in anderen Fällen die Einigung fortbestehen soll; innere Gründe sprechen mehr für das Gegenteil. Die Frage ist von geringer praktischer Bedeutung. Ist die Erz. auf einen Vormund oder Pfleger übergegangen,

so kann dieser eine auf Grund einer Einigung früher wirksam getroffene Bestimmung ohnehin nicht aufheben (§ 3 Abs. 2 letzter Satz). Ist aber das ErzRecht ausschließlich einem Elternteil geblieben, so ist dieser an die frühere Einigung nach § 1 Satz 2 ohnehin nur gebunden, solange es ihm beliebt. Wählt er ein anderes Bekenntnis, so kommt es nur darauf an, ob er dazu nach § 2 Abs. 2 der Zustimmung des andern Teils bedarf (s. darüber Bem. III zu § 2).

§ 2.

Besteht eine solche Einigung nicht oder nicht mehr, so gelten auch für die religiöse Erziehung die Vorschriften des Bürgerlichen Gesetzbuchs über das Recht und die Pflicht, für die Person des Kindes zu sorgen.

Es kann jedoch während bestehender Ehe von keinem Elternteil ohne die Zustimmung des anderen bestimmt werden, daß das Kind in einem anderen als dem zur Zeit der Eheschließung gemeinsamen Bekenntnis oder in einem anderen Bekenntnis als bisher erzogen, oder daß ein Kind vom Religionsunterricht abgemeldet werden soll.

Wird die Zustimmung nicht erteilt, so kann die Vermittlung oder Entscheidung des Vormundschaftsgerichts beantragt werden. Für die Entscheidung sind, auch soweit ein Mißbrauch im Sinne des § 1666 des Bürgerlichen Gesetzbuchs nicht vorliegt, die Zwecke der Erziehung maßgebend. Vor der Entscheidung sind die Ehegatten sowie erforderlichenfalls Verwandte, Verschwägerte und die Lehrer des Kindes zu hören, wenn es ohne erhebliche Verzögerung oder unverhältnismäßige Kosten geschehen kann. Der § 1847 Abs. 2 des Bürgerlichen Gesetzbuchs findet entsprechende Anwendung. Das Kind ist zu hören, wenn es das zehnte Jahr vollendet hat.

I. Die Einigung wird in § 1 als unverbindlich behandelt, in § 2 aber doch wieder in gewissem Umfange zur Geltung gebracht. Der nach bürgerl. Recht erzberechtigte Elternteil braucht sich nicht an sie zu halten, aber er bedarf zu bestimmten wichtigen Verfügungen bei bestehender Ehe der Zustimmung des andern Teils. Ist diese nicht zu erlangen, so entscheidet der VormRichter mit weitreichender Machtvollkommenheit.

Die Regelung nach § 2 greift ein, wenn eine wirksame Einigung nicht oder nicht mehr vorliegt, also z. B. dann, wenn ein Kind erst nach dem Tode des Vaters zur Welt kam, wenn der Vater bei der Geburt des Kindes geschäftsunfähig war (BGB. § 1676 Abs. 1, § 104, § 1685 Abs. 1), wenn sich die Eltern nicht einigen konnten, wenn eine Einigung widerrufen oder durch den Tod eines Ehegatten aufgehoben wurde. Jeder Elternteil hat es in der Hand, durch den Widerruf der Einigung die für die Anwendung des § 2 maßgebende Rechtslage herbeizuführen. Es ist also leicht einzusehen, daß § 2 den Mittelpunkt des Gesetzes bildet, nicht § 1, wie es nach dem äußeren Aufbau des Gesetzes scheinen könnte. § 2 gilt gleichmäßig für gemischte wie für ungemischte Ehen.

II. Das Gesetz behandelt die rel. Erz. des Kindes als einen Teil der persönlichen Fürsorge und überweist sie deshalb dem Elternteil, der nach dem BGB. das Recht und die Pflicht hat, für die Person des Kindes zu sorgen; auf das Recht zur Vertretung des Kindes in persönlichen Angelegenheiten (s. BGB. § 1630 Abs. 1) kommt es nicht an. Das ErzRecht ist aber wesentlich zugunsten des anderen Ehegatten eingeschränkt, einerseits um die Stetigkeit der rel. Erz. zu wahren, andererseits um die Einheit des Bekenntnisses in der Familie nach Möglichkeit zu erhalten (Genaueres darüber unten III). Im einzelnen ergibt sich Folgendes:

1. Während bestehender Ehe übt der Vater nach §§ 1627, 1631 BGB. das persönliche Fürsorgerecht im vollen Umfang und damit auch die ErzGewalt aus. Die Mutter hat neben ihm ein Mitbestimmungsrecht; nach bürgerl. Rechte würde aber an sich bei Meinungsverschiedenheiten die Meinung des Vaters vorgehen (BGB. § 1634). Das Gesetz greift aber hier in § 2 Abs. 2, 3 zugunsten der Mutter ein. Die ErzGewalt geht auf die Mutter über, wenn der Vater gestorben oder für tot erklärt ist, wenn er die elterliche Gewalt verwirkt hat u. die Ehe aufgelöst ist, wenn der Vater während der Dauer der Ehe an der Ausübung der elterlichen Gewalt tatsächlich verhindert ist oder seine elterliche Gewalt ruht; einer besonderen Übertragung durch das VormGer. bedarf es, wenn die elterliche Gewalt des Vaters nach Auflösung der Ehe ruht (BGB. §§ 1680, 1684, 1685, 1676, 1677). Das Fürsorgerecht der Mutter wird nicht dadurch ausgeschlossen, daß sie minderjährig ist, sie verliert es auch nicht durch ihre Wiederverheiratung; der Vormund des Kindes hat in diesem Falle kein unmittelbares Erz.-Recht sondern überwacht die Mutter nur wie ein Beistand; für die rel. Erz. gilt also § 2 Abs. 1, nicht etwa § 3 Abs. 1 (BGB. § 1696, § 1697 Satz 2; irreführend Bonin, der in Bem. 2 zu § 3 auf die §§ 1696, 1697 BGB. verweist).

2. a) Ist die Ehe aus einem der in den §§ 1565 bis 1568 BGB. bestimmten Gründe geschieden (Ehebruch, Lebensnachstellung, bösliche Verlassung, schwere Pflichtverletzung), so ist § 1635 BGB. maßgebend. Das persönliche Fürsorgerecht u. damit die ErzGewalt stehen regelmäßig dem an der Scheidung unschuldigen Ehegatten zu. Sind beide Eltern für schuldig erklärt, so übt für einen Sohn unter 6 Jahren u. für eine Tochter die Mutter das Fürsorgerecht aus, für einen Sohn, der über 6 Jahre alt ist, der Vater. Das VormGer. kann aus besonderen Gründen eine abweichende Anordnung treffen, wenn es das Wohl des Kindes fordert, es kann eine solche Anordnung auch wieder aufheben. Stirbt ein Ehegatte nach der Scheidung, so erlangt der andere das volle ErzRecht, auch wenn er für schuldig erklärt war; durch die Wiederverheiratung verwirkt ein Elternteil das ihm nach § 1635 BGB. zustehende ErzRecht nicht. (Über den sehr umstrittenen Fall, daß dem an der Scheidung unschuldigen Ehegatten das Fürsorgerecht nachträglich entzogen wird, s. neuerdings RGZ. 102 S. 284.)

b) Ist die Ehe wegen Geisteskrankheit geschieden (BGB. § 1569), so kommt es darauf an, welcher Ehegatte geisteskrank ist. Ist es die Mutter, so entscheidet der Vater allein über die Erz., ist es der Vater, so hat das VormGer. der Mutter auf Antrag die Ausübung der elterlichen Gewalt zu übertragen. Geschieht das nicht, so wird für das Kind ein Vormund bestellt u. nur neben ihm hat die Mutter das Recht der Sorge für die Person; § 2 ist dann nicht anwendbar, vielmehr gilt § 3 Abs. 1 (BGB. § 1676 Abs. 1, § 1773 Abs. 1, § 1698).

c) Ist statt auf Scheidung auf Aufhebung der ehelichen Gemeinschaft erkannt, so treten die gleichen Wirkungen ein, wie bei der Scheidung (BGB. §§ 1575, 1586). Geht ein Ehegatte nach der Todeserklärung des anderen eine neue Ehe ein, so wird damit die frühere Ehe aufgelöst, auch wenn der für tot Erklärte noch lebt (BGB. § 1348 Abs. 2); hinsichtlich des Rechtes der Sorge für die Person des Kindes gilt das Gleiche, wie wenn die Ehe geschieden ist u. beide Ehegatten für schuldig erklärt sind (BGB. § 1637, oben unter a; s. auch BGB. § 1679 Abs. 2).

d) Während eines Rechtsstreits, der die Scheidung, Nichtigkeit oder Anfechtung der Ehe zum Gegenstand hat, kann das Prozeßgericht auf Antrag eines Gatten für die Dauer des Rechtsstreits u. a. auch die Sorge für die Person des Kindes durch einstweilige Verfügung regeln (ZPO. § 627).

e) Nach der Auflösung der Ehe gelten die Schutzbestimmungen des § 2 Abs. 2, 3 zugunsten des nicht unmittelbar erzberechtigten Ehegatten nicht mehr; ein Elternteil entscheidet allein. Es ist leicht zu sehen, daß dadurch peinliche Lagen eintreten können, weil nach der sehr verwickelten Regelung im BGB. die Person des Erzberechtigten nicht nur einmal sondern mehrmals wechseln kann (ein vierjähriger Sohn wird z. B. zunächst von der Mutter erzogen, weil beide Eltern für schuldig erklärt sind, dann geht nach Vollendung des 6. Lebensjahres das ErzRecht auf den Vater über, das VormGer. überträgt es aus besonderen Gründen wieder der Mutter, diese stirbt u. der Vater erlangt es von neuem). Das VormGer. kann diesem mißlichen Wechsel nur in beschränktem Maße durch vorsichtige, weit vorausschauende Anordnungen begegnen. Eine gewisse Gegenwirkung bietet § 5 Satz 2 des Gesetzes.

3. a) Uneheliche Kinder fallen stets unter § 2 Abs. 1, was allerdings nicht ohne weiteres aus dem Gesetz ersichtlich ist (s. AusschB. S. 14; Perels Sp. 669). Eine Einigung der Mutter mit dem Vater ist nicht denkbar, weil dieser im Rechtssinne nicht zu den Eltern zählt (BGB. § 1589 Abs. 2) u. keinerlei Recht zur Sorge für die Person des Kindes hat. Dieses Recht steht vielmehr ausschließlich der Mutter zu; der Vormund hat insoweit nur die rechtliche Stellung eines Beistands (BGB. § 1707 Satz 2, 3, § 1689). Auch wenn die Mutter selbst als Vormund bestellt ist, übt sie das ErzRecht als Mutter nicht als Vormund aus; es gelten also niemals die Vorschriften in § 3 Abs. 1 oder 2, sondern nur § 2 Abs. 2 u. die uneheliche Mutter ist bei ihren Bestimmungen nicht an das Einverständnis einer anderen Person gebunden. Das Anerkenntnis der Vaterschaft durch den Erzeuger ändert hieran nichts.

b) Wird das uneheliche Kind durch nachfolgende Ehe legitimiert, so geht die ErzGewalt auf den Vater über (BGB. § 1719); dieser ist aber in den Fällen des § 2 Abs. 2 an die Zustimmung der Mutter gebunden, kann also insbes. deren bisherige Verfügungen nicht einseitig ändern. Wird dagegen das Kind für ehelich erklärt, so erlangt es die rechtliche Stellung eines ehelichen Kindes seines Erzeugers; dieser erwirbt das volle persönliche Fürsorgerecht, das der Mutter erlischt (BGB. §§ 1736, 1738). Der Vater kann von nun an über die rel. Erz. unbeschränkt verfügen. Wenn also die uneheliche Mutter in die Ehelichkeitserklärung einwilligt (BGB. § 1726 Abs. 1), so muß sie sich bewußt bleiben, daß sie den Einfluß auf die rel. Erz. aufgibt. Die Ehefrau des Vaters erlangt kein Mitbestimmungsrecht, weil das Kind nicht als ihr eheliches Kind gilt; ihrer Zustimmung nach § 2 Abs. 2 bedarf es nicht (s. BGB. § 1737). Das ErzRecht der unehelichen Mutter lebt unter gewissen Voraussetzungen (insbesondere beim Tode des Vaters) wieder auf (BGB. § 1738).

4. Wird ein Kind an Kindes Statt angenommen, so geht die ErzGewalt auf den Annehmenden über; nimmt ein Ehepaar ein Kind gemeinschaftlich an, so ist auch § 2 Abs. 2 anwendbar. Die leiblichen Eltern verlieren das ErzRecht u. damit den Einfluß auf die rel. Erz., sie können auch nicht durch Vertrag mit dem Annehmenden rechtlich wirksam eine bestimmte Art rel. Erz. sichern (vgl. BGB. § 1742). Es empfiehlt sich, die Beteiligten vor der Eingehung des Vertrags über diese Rechtsfolgen zu belehren.

Nimmt ein Ehegatte das Kind des andern an, so ist dieser durch § 2 Abs. 2 vor einseitigen Verfügungen des Annehmenden geschützt.

5. Wird eine Ehe für nichtig erklärt oder eine anfechtbare Ehe mit Erfolg angefochten (BGB. §§ 1323 ff., 1330 ff., 1350), so treten nach §§ 1699—1702 BGB. etwas verwickelte Rechtslagen ein.

a) Wenn das Kind im Falle der Gültigkeit der Ehe ehelich wäre (BGB. §§ 1591 ff.), so gilt es auch ferner als ehelich, falls nicht beide Ehegatten bei der Eheschließung die Nichtigkeit gekannt haben. Waren beide Eltern gutgläubig, so gelten die nämlichen Vorschriften, wie wenn die Ehe geschieden wäre u. beide Ehegatten für schuldig erklärt wären (BGB. §§ 1700, 1635; s. oben 2a). War der Vater bösgläubig, so steht die elterliche Gewalt der Mutter zu (BGB. § 1701); war es die Mutter, so hat sie nur die Rechte der bei Scheidung für allein schuldig erklärten Frau, besitzt also kein ErzRecht, sie erlangt aber das persönliche Fürsorgerecht, wenn der Vater sti bt, seine elterliche Gewalt sonstwie verliert, geschäftsunfähig ist usw. (BGB. § 1702). In allen diesen Fällen ist immer nur e i n Ehegatte erzberechtigt, da ja die Ehe nicht besteht; § 2 Abs. 2, 3 sind unanwendbar.

b) Kannten beide Ehegatten die Nichtigkeit der Ehe oder war die Ehe wegen Formmangels nichtig u. nicht ins Heiratsregister eingetragen, so gelten die Kinder als unehelich (BGB. § 1699; s. oben unter 3).

III. 1. § 2 Abs. 2 fordert für bestimmte Fälle während bestehender Ehe gemeinsames Handeln beider Elternteile. Der dadurch einem Ehegatten gegenüber willkürlichen Verfügungen des anderen gewährte Schutz ist indessen nur bei ungemischten Ehen durchgreifend; bei gemischten Ehen ist der nach bürgerl. Recht fürsorgeberechtigte Elternteil bei der ersten Bestimmung des Bekenntnisses frei u. nur beim Wechsel der bisherigen rel. Erz. an die Zustimmung des anderen Teils gebunden. Das Gesetz will ferner offensichtlich dahin wirken, daß die einmal gewählte Art der rel. Erz. auch wirklich durchgeführt u. nicht durch eigenmächtiges Vorgehen eines Elternteils tatsächlich vereitelt wird; es drückt sich aber so verlegen u. schüchtern aus, daß Unklarheiten entstehen u. die Auslegung ergänzend eingreifen muß.

2. Die Zustimmung des anderen Teils ist in den vom Gesetze vorgesehenen Fällen während der Ehe auch dann erforderlich, wenn dem anderen Teile das Recht u. die Pflicht zur Sorge für die Person des Kindes nicht zusteht oder er es aus tatsächlichen oder rechtlichen Gründen nicht ausüben kann (s. die nicht ganz übereinstimmenden Ausführungen bei Bonin, Bem. 5 zu § 2, Spitta S. 8, Besig S. 9). Der Wortlaut des Gesetzes gibt allerdings keinen genügenden Anhaltspunkt. Durch einen gesetzlichen oder bevollmächtigten Vertreter kann die Zustimmung jedenfalls nicht erklärt werden, weil es sich um ein ganz persönliches Recht handelt. Ein einseitiges Vorgehen des nach bürgerlichem Recht allein verfügungsberechtigten Elternteils aber würde dem Grundgedanken des Gesetzes nicht entsprechen: Die Kinder sollen nach Möglichkeit beim gemeinsamen Bekenntnisse der Eltern bleiben, weil das der natürliche ErzWeg ist, u. außerdem soll eine gewisse Stetigkeit der rel. Erz. gewährleistet werden. Diese Zwecke würden vereitelt werden, wenn z. B. die Mutter die rel. Erz. ändern könnte, während der Vater nur vorübergehend an der Ausübung der elterlichen Gewalt verhindert ist (BGB. § 1685 Abs. 1). Ebenso wäre es dem Zwecke des Gesetzes zuwider, wenn etwa der Mann die Geschäftsunfähigkeit der Frau dazu benützen würde, um über ihren Kopf weg allein zu bestimmen. Ist also die Zustimmung des anderen Eheteils infolge tatsächlicher oder rechtlicher Hindernisse nicht zu erlangen, so ist es so anzusehen, als sei sie versagt, u. es ist nach Abs. 3 die Entscheidung des VormGer. anzurufen.

3. Dahingestellt kann bleiben, ob die Zustimmung eine empfangsbedürftige Willenserklärung i. S. des § 130 BGB. ist. Denn jedenfalls steht nichts im Wege, die Vorschriften des BGB. für rechtsgeschäftliche Willenserklärungen im allgemeinen u. für empfangsbedürftige im besonderen wenigstens sinngemäß anzuwenden. Zustimmung durch schlüssige Handlungen, etwa durch Dulden bekannter Maßnahmen des anderen Teils, ist denkbar.

4. Fälle, in denen die Zustimmung erforderlich ist:

a) Das Kind soll in einem anderen als dem zur Zeit der Eheschließung gemeinsamen Bekenntnis erzogen werden. Wechselt der erzberechtigte Elternteil nach der Eheschließung sein Bekenntnis, so wird dadurch die Zustimmung des andern nicht überflüssig. Nimmt ein Ehepaar ein Kind gemeinschaftlich an Kindes Statt an (BGB. § 1757 Abs. 2) oder nimmt ein Ehegatte das Kind des anderen an, so ist der Zeitpunkt der Annahme maßgebend.

Für die Frage, ob ein „gemeinsames Bekenntnis" vorliegt, kann nur die formelle Zugehörigkeit zu einer Glaubensgemeinschaft entscheiden, nicht die innere Übereinstimmung mit deren Lehren, auch auf die eigentlichen Gründe eines formellen Wechsels kann es nicht ankommen (anders u. widerspruchsvoll B o n i n, Bem. 7 zu § 2). Verschiedene Unterformen eines Bekenntnisses (z. B. lutherisch u. reformiert) können als gemeinsames Bekenntnis gelten, soferne sie im Einzelfalle im Gegensatz zu einer weiteren Glaubensform (z. B. zum kath. Bekenntnisse) stehen, dagegen nicht, wenn unter ihnen selbst zu wählen ist (s. Besig S. 9, Bonin, Bem. 1 zu § 6 am Ende). Kein gemeinsames Bekenntnis liegt vor, wenn beide Ehegatten außerhalb jeder Glaubensgemeinschaft stehen. Denn die bloße gemeinsame Verneinung herkömmlicher Auffassungen mag zwar ein inneres Übereinstimmen in mancherlei Fragen bedeuten, ist aber noch kein gemeinsames Bekenntnis, nicht einmal eine gemeinsame Weltanschauung i. S. des § 6. Weltanschauungen als solche können erfahrungsgemäß immer nur annähernd gleich sein. Dem religionslosen Vater ist es also z. B. unverwehrt, sein Kind ohne Zustimmung der religionslosen Mutter einem kirchlichen Bekenntnisse zuzuführen. Anders steht es natürlich, wenn beide Eltern einer Vereinigung zur gemeinschaftlichen Pflege einer Weltanschauung i. S. des Art. 137 Abs. 7 RV. förmlich angehören.

b) Das Kind soll in einem anderen Bekenntnis „als bisher" erzogen werden. Ein solcher Fall liegt vor, wenn einmal eine Bestimmung über das Bekenntnis getroffen worden ist, die irgendwie nach außen erkennbar in die Erscheinung getreten ist, z. B. durch die Taufe, durch Überführung in den Religionsunterricht u. dgl. Aber auch die Einigung i. S. des § 1 muß genügen, auch wenn es zu förmlichen ErzHandlungen (z. B. wegen der Jugend des Kindes) noch nicht gekommen ist. Bei gemischter Ehe ist der erzberechtigte Elternteil (in der Regel also der Vater) bei der ersten Bestimmung über die rel. Erz. an sich frei u. erst bei einer späteren gebunden, hat er sich aber einmal mit der Frau über eine bestimmte Erz. nach der Geburt des Kindes tatsächlich geeinigt, wenn auch in einem an sich nach § 5 unwirksamen Erz.-Vertrage (s. Bem. 3 zu § 4), so steht diese Bestimmung unter dem Schutze des § 2 Abs. 2. Eine Einigung freilich, die vor der Geburt eines Kindes zustande kam, ist keine „bisherige Erz.". Keine Rücksicht kann auf eine frühere, inzwischen aufgegebene Erz. genommen werden, die nicht bis zu dem Zeitpunkt der neuen Bestimmung fortgedauert hat (Perels Sp. 643).

Heiratet die uneheliche Mutter den Erzeuger des Kindes, so kann ihre bisherige Bestimmung über die rel. Erz. des Kindes vom Mann nicht ohne ihre Zustimmung umgestoßen werden; hatte sie noch nichts bestimmt, so kann der Fall unter a vorliegen (gemeinsames Bekenntnis). Dagegen schützt § 2 Abs. 2 nicht den bisher ErzBerechtigten, der seine ErzGewalt durch eine Annahme an Kindes Statt oder durch Ehelichkeitserklärung verliert. Denn die Vorschrift ist nur zum Schutze des nach dem bürgerl. Recht mitbestimmenden anderen Eheteils gewährt; diese aber erlangt weder bei Annahme an Kindes Statt (abgesehen vom Falle des § 1757 BGB.) noch bei Ehelichkeitserklärung irgend welche Rechte gegenüber dem Kinde (s. a. BGB. § 1737), seine Zustimmung ist also nicht erforderlich.

Die bisherige Erz. wird nur dann berücksichtigt, wenn sie rechtmäßig war. Eigenmächtige Verfügungen der Mutter hinter dem Rücken des Vaters sind also z. B. nicht zu beachten, auch wenn sie tatsächlich zur Erz. in einer bestimmten Richtung geführt haben (s. Bonin, Bem. 8 zu § 2 gegen Perels Sp. 643). Dagegen wird man allerdings einem Elternteil nicht den Einwand einräumen dürfen, sein Einverständnis mit den Maßnahmen des andern sei innerlich durch unsachliche Erwägungen beeinflußt gewesen (s. Bem. 3 Abs. 2 zu § 1).

Fraglich kann sein, ob durch § 2 Abs. 2 auch eine bisherige ErzForm geschützt wird, die sich nicht an eine kirchliche Gemeinschaft oder eine sonstige Vereinigung äußerlich anlehnte. Der Ausdruck „Bekenntnis" paßt eigentlich auf solche Fälle nicht; man wird sie aber im Hinblick auf § 6 doch hierher zählen müssen (s. Bem. 1 zu § 6). Der Fall liegt anders als der unter a Abs. 2 behandelte, weil hier eine „Gemeinsamkeit" nicht in Frage kommt.

c) Die Zuweisung an ein bestimmtes Bekenntnis erschöpft noch nicht den Inbegriff der rel. Erz. Diese setzt sich vielmehr aus einer Reihe von Einzelhandlungen zusammen (s. die Einl. unter II 7). Wäre der ErzBerechtigte nur in den unter a u. b dargestellten Fällen an die Zustimmung des anderen Eheteils gebunden, so könnte er es formell beim gemeinsamen Bekenntnis oder bei der bisherigen ErzArt belassen, daneben aber tatsächlich eine Erz. in einem neuen Bekenntnis einleiten oder das Kind wenigstens dem alten durch Hemmungen u. Unterlassungen entfremden. Das würde selbstverständlich den Zielen des Gesetzes zuwiderlaufen. Der Zustimmung wird es deshalb auch bedürfen, wenn der zunächst verfügungsberechtigte Elternteil Maßnahmen trifft, die tatsächlich auf eine Überführung des Kindes in eine andere Glaubensform oder doch auf eine Vorbereitung dazu hinauslaufen. Das Gesetz hat das allerdings nur für einen praktisch besonders bedeutsamen Fall ausgesprochen, es erklärt nämlich die Zustimmung auch für erforderlich, wenn ein Kind vom Religionsunterricht abgemeldet werden soll. Diese wegen ihrer Vereinzelung merkwürdige u. durch ihre verworrene Begründung im AusschB. (S. 13/14) noch mehr verdunkelte Vorschrift wird verständlich, sobald man den eigentlich darin steckenden allgemeinen Gedanken herauszieht u. das Gesetz dahin ausdehnend auslegt, daß nicht ein Ehegatte das Erfordernis der Zustimmung zum Glaubenswechsel durch einzelne an sich in den Rahmen der ErzGewalt fallende Handlungen umgehen darf. Man wird es also z. B. dem Vater auch nicht gestatten können, das Kind einseitig zu einem ihm bisher fremden Religionsunterricht anzumelden, ihm neben dem rel. Schulunterricht Privatunterricht in einem anderen Glauben erteilen zu lassen oder es in einer ErzAnstalt unterzubringen, die in einem dem bisherigen Bekenntnisse entgegengesetzten Sinne geleitet wird. Der Mutter muß es unverwehrt bleiben, in solchen Fällen die Entscheidung des VormGer. nach § 2 Abs. 3 des Ges. oder auch nach § 1666 BGB. anzurufen. Das Gleiche wird zu gelten haben, wenn der Vater das Kind zwar nicht aus dem gemeinsamen oder dem bisherigen Bekenntnisse herausnimmt, aber auch nichts tut, um die Erz. in diesem Bekenntnisse zu sichern (s. über diese Fragen Perels Sp. 643; Spitta S. 8; Besig S. 18; von der Pfordten Sp. 195).

IV. Wird die Zustimmung versagt oder ist sie aus anderen Gründen nicht zu erlangen (s. oben Bem. III 2), so kann die Vermittelung oder Entscheidung des Vorm.-Ger. angerufen werden (Abs. 3).

1. An das VormGer. kann sich der Elternteil wenden, der durch die fehlende Zustimmung in seinen Erz.-Handlungen gehindert ist, aber auch der andere Teil, der sich durch gewisse einseitige Verfügungen beeinträchtigt glaubt. Von Amts wegen wird nicht eingeschritten, es müßten denn zugleich die Voraussetzungen des § 1666 BGB. vorliegen (§ 7 Satz 2); im letzteren Falle können auch Verwandte, Lehrer, Geistliche, Kosteltern, Anstaltsvorstände, der Gemeindewaisenrat das VormGer. angehen, andernfalls können sie eine Entscheidung nach § 2 Abs. 3 nicht herbeiführen (wegen ihres Beschwerderechts s. jedoch Bem. III 6 zu § 7).

2. Das Verfahren richtet sich nach den Vorschriften des FGG. u. den landesrechtlichen Ausführungsvorschriften dazu (§§ 1, 200 FGG.; s. im übrigen § 7 mit Bem.). Regelmäßig wird auf eine gütliche Einigung hinzuwirken sein, auch wenn sofortige Entscheidung beantragt ist. Es käme sonst leicht dazu, daß die ganze rel. Erz. von Staats wegen geregelt wird. Vor der Entscheidung müssen die Eltern gehört werden u. das Kind, wenn es das 10. Lebensjahr vollendet hat. Von der Sachlage hängt es ab, ob auch Verwandte, Verschwägerte, Lehrer (Religionslehrer) zu hören sind. Auch Zeugen können vernommen werden, z. B. darüber, ob eine Einigung der Eltern vorlag (FGG. § 15 Abs. 1). Befragung der zuständigen Ortsgeistlichen u. des Gemeindewaisenrats oder eines Anstaltsvorstands kann zweckmäßig sein.

3. Bei der sachlichen Entscheidung ist das VormGer. sehr frei gestellt. Gesetzliche Regeln über eine „Zuweisung" an ein bestimmtes Bekenntnis bestehen nicht. Das Gesetz gibt nur einen Richtpunkt: maßgebend sind die Zwecke der Erz., welche Art rel. Erz. sie fordern, darüber befindet das freie Ermessen des Gerichts.

a) Einem Elternteile kann hiernach auch dann Unrecht gegeben werden, wenn ihn kein Verschulden trifft, er vielmehr nach bestem Wissen u. innerster Überzeugung gewählt hat (anders nach herrschender Meinung

i. F. des § 1666 BGB.). Anderseits kann aber ein Verschulden bedeutsam sein für die Frage, ob den Anträgen eines Elternteils stattzugeben ist.

b) Der Richter ist an die Anträge der Eltern nicht schlechthin gebunden; er kann beiden Teilen Unrecht geben u. eine Form der Erz. wählen, die keiner von ihnen vorgeschlagen hat. Das wird freilich eine Ausnahme sein, läßt sich aber u. U. doch sachlich rechtfertigen. Beispiel: Das uneheliche Kind einer prot. Mutter wurde prot. getauft u. sollte prot. erzogen werden. Es wird durch nachfolgende Ehe mit dem Vater legitimiert. Dieser ist formell katholisch, aber Sozialdemokrat. u. Kirchenfeind. Er will gegen den Willen der Mutter das Kind freirel. erziehen lassen. Das Kind ist bei der kath. Mutter des Mannes gut untergebracht; deren Vernehmung ergibt, daß sich die im Erwerbsleben stehenden Eltern niemals um die Erz. des Kindes angenommen haben u. daß die Großmutter die Erz. bisher allein geleitet hat u. sie auch ferner leiten muß, daß auch die persönlichen Beziehungen zwischen Eltern u. Kind sehr lose sind. Es wäre nicht ausgeschlossen, daß wegen dieser besonderen Umstände katholische Erz. angeordnet wird, weil das Beste für das Kind vom Einflusse der Großmutter zu erwarten ist (im Wesentlichen übereinstimmend Perels Sp. 647; Spitta S. 8/9; s. auch von der Pfordten Sp. 198).

c) Der Richter hat den Gesamtzweck der Erz. ins Auge zu fassen. Dabei wird er die Familienüberlieferung, das persönliche Verhältnis des Kindes zu Vater u. Mutter, die Art ihres Einflusses auf das Kind u. ihre Vertrauenswürdigkeit, das Bekenntnis der Geschwister, die Stimmung des Verwandtenkreises u. dgl. berücksichtigen müssen. Sachlich nicht gerechtfertigte, aus Eigensinn oder Laune oder gar aus Bosheit gegenüber dem andern Gatten entsprungene Wünsche hat er nicht zu beachten. Er wird sich vielfach danach richten müssen, welcher Elternteil für die Erz. geeigneter ist u. mehr dafür leistet. Lassen sich keine genügenden Anhaltspunkte aus der Gesamtlage gewinnen, so wird in der Regel am gemeinsamen Bekenntnis oder an der bisherigen ErzForm festzuhalten sein. Denn der Wechsel oder die Spaltung innerhalb der Familie können schon für sich allein die Erz. stören. Frühere Verabredungen der Eltern dürfen nicht ganz unberücksichtigt bleiben, obwohl sie nach § 4 unverbindlich sind (s. Bem. 3 zu § 4). Denn der Bruch eines Versprechens kann den ganzen Bestand der Ehe gefährden, also auch die weitere Entwickelung des Kindes ungünstig beeinflussen.

Vermögensrechtliche Erwägungen dürfen in der Regel keine Rolle spielen. Der Richter darf nicht auf Vorteile oder Nachteile achten, die etwa Verwandte je nach dem Ausgange der Sache in Aussicht stellen. Eine Ausnahme wird nur zu machen sein, wenn die Eltern das Kind gar nicht selbst aus eigenen Mitteln unterhalten können, wenn also eine ordentliche Erz. nur mit Hilfe anderer Personen (Verwandte, Pflegeeltern) durchgeführt werden kann. Dann können u. U. die Wünsche dessen berücksichtigt werden, der das Kind tatsächlich aufzieht.

d) Bei der sehr freien Stellung des Richters kann sich auch die Frage ergeben, ob u. inwieweit er seiner Entscheidung rein rel. Wertungen zugrundelegen darf. Selbstverständlich darf er nicht sein Bekenntnis bevorzugen. Er wird auch die verfassungsmäßig gewährleistete Glaubens- u. Gewissensfreiheit grundsätzlich unangetastet lassen müssen, also nicht einer Glaubensform die Eignung für ErzZwecke schlechthin absprechen dürfen. Regelmäßig wird er den maßgebenden Entscheidungsgrund außerhalb des rein rel. Gebiets suchen u. finden; in den Kampf der Weltanschauungen soll er im allgemeinen nicht eingreifen. Aber vollständig wird es ihm nicht erspart bleiben, auch zu rel. Fragen Stellung zu nehmen, namentlich dann nicht, wenn nicht zwei verschiedene kirchliche Bekenntnisse zur Wahl stehen, sondern rel. u. nichtrel. Erz. (s. Bem. 2 zu § 6). Indem das Ges. auf den ErzZweck verweist, verlangt es vom Richter immerhin eine innere Wertung, bei der es auf die formaljuristische Gleichberechtigung aller Glaubensformen nach dem Verfassungsrecht nicht allein ankommen kann. Und da muß nun offen ausgesprochen werden, daß nicht die Anschauung jeder Sekte oder jeder freil. Vereinigung, auch nicht jede an sich vielleicht bedeutende persönliche Lebensauffassung an erzieherischem Werte mit den großen christlichen Glaubensformen auf eine Stufe gestellt werden kann. Unser geistiges u. sittliches Volksleben ruht nach seiner geschichtlichen Entwickelung doch im Wesentlichen auf christlicher Grundlage, mag es auch im Einzelnen darüber hinausgewachsen sein. Es kann eine schwere Gefahr für den noch unreifen Menschen bedeuten, wenn er aus diesem Zusammenhang herausgerissen wird u. wenn ihm die großen, durch die Jahrhunderte bewährten Gedanken nicht einmal zur Kenntnis gebracht werden. Wer keinen Anschluß an tiefer begründete geistige Bewegungen hat sondern sich nur von Zeitströmungen tragen läßt, die vielleicht auch Zeitkrankheiten sind, verirrt sich leicht, verliert aber zum Mindesten kostbares Erbgut. Man stelle sich etwa einen Menschen vor, der in der Jugend nur Nietzsches zum Teil geniale, zum Teil verrückte Einseitigkeiten kennen gelernt hätte: er wird im besten Falle ein verschrobener Kopf werden. Unsere Vormundschaftsrichter sollen gewiß keinen Glaubenszwang üben, aber auch verhüten, daß unserem Volksleben durch Unverstand oder fanatische Eigenbrödelei unersetzliche Werte verloren gehen (s. Paulsen, Das deutsche Bildungswesen in seiner geschichtlichen Entwicklung, 4. Aufl. S. 176).

e) Über den Vollzug der Entscheidungen, über Kosten und Auslagen, Beschwerderecht u. dgl. s. § 7 mit Bem.

§ 3.

Steht dem Vater oder der Mutter das Recht und die Pflicht, für die Person des Kindes zu sorgen, neben einem dem Kinde bestellten Vormund oder Pfleger zu, so geht bei einer Meinungsverschiedenheit über die Bestimmung des religiösen Bekenntnisses, in dem das Kind erzogen werden soll, die Meinung des Vaters oder der Mutter vor, es sei denn, daß dem Vater oder der Mutter das Recht der religiösen Erziehung auf Grund des § 1666 des Bürgerlichen Gesetzbuchs entzogen ist.

Steht die Sorge für die Person eines Kindes einem Vormund oder Pfleger allein zu, so hat dieser auch über die religiöse Erziehung des Kindes zu bestimmen. Er bedarf dazu der Genehmigung des Vormundschaftsgerichts. Vor der Genehmigung sind die Eltern sowie erforderlichenfalls Verwandte, Verschwägerte und die Lehrer des Kindes zu hören, wenn es ohne erhebliche Verzögerung oder unverhältnismäßige Kosten geschehen kann. Der § 1847 Abs. 2 des Bürgerlichen Gesetzbuchs findet entsprechende Anwendung. Auch ist das Kind zu hören, wenn es das zehnte Lebensjahr vollendet hat. Weder der Vormund noch der Pfleger können eine schon erfolgte Bestimmung über die religiöse Erziehung ändern.

I. Das Gesetz unterscheidet in § 3, ob ein Vormund oder Pfleger das persönliche Fürsorgerecht neben einem Elternteil oder allein ausübt. Im ersten Falle (Abs. 1) geht — entgegen der Regelung im BGB. — die Entscheidung der Eltern vor, im zweiten (Abs. 2) entscheidet der Vormund oder Pfleger, er ist aber in mehreren Richtungen wesentlich eingeschränkt. Uneheliche Kinder fallen bei Lebzeiten der Mutter nicht unter § 3 Abs. 1 sondern unter § 2 (s. Bem. II 3 a zu § 2). Auch die Fälle in §§ 1696, 1697 BGB. zählen nicht hierher (s. Bem. II 1 zu § 2).

II. 1. Die Hauptfälle des Abs. 1 sind folgende:

a) Die elterliche Gewalt des Vaters ruht, weil er in der Geschäftsfähigkeit beschränkt ist (BGB. §§ 114, 106) oder weil er wegen körperlicher Gebrechen nach § 1910 Abs. 1 BGB. einen Pfleger für seine Person u. sein Vermögen erhalten hat; vorausgesetzt ist dabei, daß die elterliche Gewalt nicht auf die Mutter übergegangen ist (BGB. § 1676 Abs. 2, § 1685 Abs. 1).

b) Der Vater hat die elterliche Gewalt verwirkt u. die Ehe besteht noch (BGB. § 1680 mit § 1684 Abs. 1 Nr. 2 u. § 1698).

c) Die elterliche Gewalt des Vaters ruht nach Auflösung der Ehe u. ist nicht der Mutter übertragen (BGB. §§ 1676—1678, § 1685 Abs. 2, §§ 1773, 1698).

d) Bei der Mutter ist nach dem Tode des Vaters die gleiche Rechtslage eingetreten, wie im Falle unter a beim Vater.

e) Die Vertretung des Kindes ist dem Vater entzogen u. einem Vormund übertragen (BGB. §§ 1666, 1667, 1670, 1773, 1698) oder es ist für die Erz. des Kindes ein Pfleger bestellt (BGB. §§ 1666, 1909, 1698).

In allen diesen Fällen würde nach dem BGB. an sich die Meinung des Vormunds oder Pflegers vorgehen (BGB. § 1676 Abs. 2 Satz 3, §§ 1686, 1698, 1634). Das Gesetz gibt aber umgekehrt der Meinung des Elternteils den Vorzug, es sei denn, daß diesem das Recht der rel. Erz. auf Grund des § 1666 BGB. entzogen ist.

2. Es kann vorkommen, daß beiden Eltern das Recht der Sorge für die Person neben einem Vormund oder Pfleger zusteht. Beide sind z. B. wegen Verschwendung entmündigt oder beiden ist wegen Gebrechlichkeit ein Pfleger bestellt worden. In solchen Fällen ändert sich jedenfalls nichts daran, daß die Entscheidung der Eltern vorgeht. Dagegen kann zweifelhaft sein, wie zwischen den Eltern selbst zu entscheiden ist, wenn sie uneinig sind. Man kann der Ansicht sein, daß die allgemeine Regel des § 1634 BGB. wieder in Kraft trete u. demgemäß die Meinung des Vaters vorgehe (Perels Sp. 666/7; Spitta S. 9). Dieses Ergebnis befriedigt aber nicht. Es spricht kein innerer Grund dafür, daß der Streit zwischen den Ehegatten hier anders geschlichtet werden soll, als in den Fällen des § 2 Abs. 2, 3. Der vom Gesetzgeber übersehene Sondertatbestand wird besser nach den allgemeinen Gedanken des Gesetzes beurteilt u. das wird zu sinngemäßer Anwendung des § 2 Abs. 2, 3 führen.

3. Das Gesetz spricht hier wieder — zu eng — nur von der Bestimmung des rel. Bekenntnisses, in dem das

Kind erzogen werden soll. In Wirklichkeit muß nach der ganzen Rechtslage die Meinung der Eltern bei allen einzelnen Maßnahmen rel. Erz. vorgehen (s. Bem. III 4 c zu § 2). Der Vormund oder Pfleger darf nicht die Erz. in dem gewählten Bekenntnisse vereiteln oder hemmen. Wenn nötig, hätte das Vormundschaftsgericht auf Antrag der Eltern gegen ihn einzuschreiten. Im übrigen bedarf es nicht wie im Falle des § 2 Abs. 3 eines Verfahrens vor dem Vormundschaftsgericht, um die Entschließungen der Eltern zur Geltung zu bringen; sie sind ja auch ohne die Zustimmung des Vormunds oder Pflegers wirksam. Dieser kann seinerseits bei pflichtwidrigem Verhalten der Eltern Antrag nach § 1666 BGB. stellen.

III. 1. Die Hauptfälle des Abs. 2 (alleiniges Fürsorgerecht des Vormunds oder Pflegers) sind:

a) Beide Eltern sind geschäftsunfähig (BGB. § 1676 Abs. 1, § 1686) oder beide sind gestorben.

b) Beiden Ehegatten ist das Recht der Sorge für die Person des Kindes gemäß § 1666 BGB. entzogen oder es ist der Mutter entzogen worden, nachdem die elterliche Gewalt auf sie übergegangen war, oder dem Vater nach dem Tode der Mutter.

c) Die uneheliche Mutter ist gestorben oder das Recht der Personenfürsorge ist ihr in sinngemäßer Anwendung des § 1666 BGB. entzogen.

d) Der Familienstand des Kindes ist nicht zu ermitteln (BGB. § 1773 Abs. 2).

2. Das Gesetz verkennt in Abs. 2 wieder, daß die rel. Erz. sich nicht in der Glaubenswahl erschöpft sondern sich daneben aus einer Reihe von einzelnen ErzHandlungen zusammensetzt. Es verordnet, daß der Vormund oder Pfleger auch über die rel. Erz. bestimmen kann, u. bindet ihn dabei an die Genehmigung des VormGer. Hier ist der Ausdruck zu weit: gemeint sein kann nur die Zuweisung des Kindes an eine bestimmte Glaubensgemeinschaft, nicht aber kann die einzelne ErzHandlung von einer Genehmigung abhängig sein, mit der die rel. Erz. in der gewählten Form tatsächlich durchgeführt wird, noch weniger die innere Einwirkung auf das Kind.

Anderseits ist im Schlußsatz des Abs. 2 verordnet, daß die einmal erfolgte Bestimmung nicht geändert werden kann: hiermit ist nicht nur die formelle Änderung verboten, sondern natürlich auch jede ErzHandlung, die tatsächlich einen Glaubenswechsel herbeiführen oder die Erz. in dem gewählten Bekenntnisse vereiteln oder durchkreuzen würde. Solche Handlungen wären pflichtwidrig u. müßten das aufsichtliche Eingreifen des VormGer. zur Folge haben (so z. B. Abmeldung vom Religionsunterricht; s. Bonin Bem. 11 zu § 3).

3. a) Ist über die rel. Erz. des Kindes überhaupt noch nichts bestimmt — die uneheliche Mutter ist z. B. in oder gleich nach der Geburt gestorben oder es handelt sich um ein Findelkind — so hat der Vormund oder Pfleger beim Gericht einen bestimmten Antrag zu stellen. Allenfalls wäre er gemäß § 1837 in Verb. mit § 1915 Abs. 1 BGB. dazu anzuhalten. Von sich aus kann das Gericht nichts verfügen. Wird der Antrag nicht genehmigt, so kann das Gericht auch nicht eine andere Wahl treffen, etwa wie im Falle des § 2 Abs. 3 nach dem ErzZweck selbst entscheiden, vielmehr kann es nur ablehnen oder genehmigen. Denn nach dem BGB. ist das VormGer. nicht befugt, den Vormund oder Pfleger nur als eine seine Weisungen ausführende Person zu behandeln. Es hat nur Aufsichts- u. Genehmigungsrecht u. die besonderen Vorschriften über den ErzStreit der Eltern (s. Bem. IV 3 b zu § 2) können als ungewöhnliche Ausnahme nicht ausdehnend ausgelegt werden (s. von der Pfordten Sp. 220). Allerdings ergibt sich dadurch das Sonderbare, daß der VormRichter gegenüber den Eltern freier gestellt ist, als gegenüber einem Vormund oder Pfleger. Wird also der erste Antrag abgelehnt, so muß ein neuer gestellt werden oder der ErzBerechtigte muß sich mit einem etwaigen andern Vorschlag des Gerichts einverstanden erklären.

b) Vor der Entscheidung des Gerichts ist das Kind zu hören, wenn es das zehnte Lebensjahr vollendet hat — das wird sehr selten vorkommen, weil bis dahin doch regelmäßig schon eine Entscheidung getroffen sein muß — u. die Eltern (s. z. B. die oben unter III 1 b u. c erwähnten Fälle). Verwandte, Verschwägerte, Lehrer sind zu hören, wenn es ohne erhebliche Verzögerung u. unverhältnismäßige Kosten geschehen kann (das Ges. sagt „oder unverhältnismäßige Kosten"; gemeint ist offensichtlich „und"; Perels Sp. 671). Den Erzeuger des unehelichen Kindes zu hören, kann zweckmäßig sein, wenn er sich um die Erz. des Kindes tatsächlich angenommen, es z. B. zu sich genommen hat. Vorgeschrieben ist seine Zuziehung jedenfalls nicht, weil er mit dem Kinde rechtlich nicht als verwandt gilt (BGB. § 1589 Abs. 2) u. er in die Erz. de iure nichts hineinzureden hat (Spitta S. 11, Besig S. 13 gegen Bonin, Bem. 6 zu § 3). Auch sog. Pflegeeltern, Anstaltsvorstände, der Gemeindewaisenrat werden u. U. zu vernehmen sein. (Wegen der Kosten u. Auslagen s. Bem. III 8 zu § 7.) Für die Entscheidung sind sachlich wie nach § 2 Abs. 3 Satz 2 die Zwecke der Erz. maßgebend.

4. Ist einmal über die Erz. des Kindes in einem bestimmten Bekenntnisse entschieden, so kann daran nichts mehr geändert werden, weder mit Genehmigung des VormGer. noch auch — etwa im Falle des § 5 Abs. 2 — mit Zustimmung des Kindes.

a) Es ist belanglos, ob der Vormund oder Pfleger selbst die erste Bestimmung getroffen hat oder ob sie von einem früheren ErzBerechtigten herrührte, z. B. von der verstorbenen unehelichen Mutter oder den verstorbenen Eltern. Im Einzelfalle kann unsicher sein, ob schon eine förmliche Bestimmung vorlag oder nur die Absicht, eine solche zu treffen. Waren die Eltern i. S. des § 1 über eine Bekenntniswahl einig, so wird man darin eine Bestimmung erblicken müssen, auch wenn sie nach außenhin noch nicht in die Erscheinung getreten war. Die Taufe wird regelmäßig als Bestimmung des Bekenntnisses gelten können, soferne es sich nicht etwa um eine Nottaufe handelte (Besig S. 6). Auch im übrigen wird eine Bestimmung durch schlüssige Handlungen denkbar sein. Ob man aber als eine solche schon die Glaubenswahl für die Geschwister des Kindes genügen lassen darf (so Bonin, Bem. 10 zu § 3), wird zum

Mindesten fraglich sein. Denn darin liegen keine Willensäußerungen in der Richtung auf das zu erziehende Kind; als Beweismittel für den Willen der Eltern können aber solche Umstände immerhin von Belang sein. Von mehreren früheren Bestimmungen ist die letzte maßgebend.

b) Außer Betracht zu bleiben hat eine Bestimmung, die auf gesetzwidrige Art zustandegekommen ist. In diesem Falle handelt es sich nicht eigentlich darum, daß eine neue rel. Erz. eingeleitet sondern daß die rechtmäßige Erz. hergestellt wird. Man denke an den Fall, daß der Vater einen Religionswechsel ohne Zustimmung der Mutter (§ 2 Abs. 2) eigenmächtig u. heimlich herbeigeführt u. daß die Mutter diesen Wechsel auch nicht nachträglich genehmigt hat. Ebenso dürfte zu entscheiden sein, wenn eine Pflegschaft für die rel. Erz. gemäß § 1666 BGB. gerade deshalb eingeleitet wurde, weil der bisher erzberechtigte Elternteil sein Recht mißbraucht oder sonst pflichtwidrig ausgeübt hatte (s. Bem. IV zu § 7). Denn hier ist es gerade Aufgabe des Pflegers, die frühere Entscheidung zu beseitigen. Auch in solchen Fällen wird man die Genehmigung des VormGer. zu fordern haben. Zwar trifft § 3 Abs. 2 Satz 2 für solche Fälle nicht immer zu, namentlich dann nicht, wenn nur eine unrechtmäßig unterbrochene Erz. wieder eingeleitet werden soll, aber er wird immerhin sinngemäß anzuwenden sein; dafür spricht auch das praktische Bedürfnis, weil es sich zumeist um heikle Rechtslagen handeln wird (s. über diese Fragen P e r e l s Sp. 667/8, v o n d e r P f o r d t e n Sp. 221).

Der Vormund oder Pfleger kann nicht nachträglich prüfen, ob eine Bestimmung der früheren ErzBerechtigten aus sachlichen Gründen hervorging u. innerlich unbeeinflußt war. Formell Unrechtmäßiges liegt in solchen Fällen nicht vor u. die Vorschrift über die Fortdauer des Bekenntnisses würde tatsächlich umgestoßen, wenn äußerlich einwandfreie frühere Bestimmungen wegen schwer faßbarer innerer Mängel nicht gelten sollten.

IV. Unberührt bleiben die allgemeinen Vorschriften des BGB., die von Anfang an einen Zwiespalt im Bekenntnisse von Vormund (Pfleger) u. Mündel verhindern wollen. Nach § 1779 Abs. 2 S. 2 BGB. (mit § 1915 Abs. 1) ist bei der Auswahl auf das rel. Bekenntnis des Mündels Rücksicht zu nehmen u. nach § 1801 kann — nicht muß — die rel. Erz. dem Vormund (Pfleger) abgenommen werden, wenn er nicht dem Bekenntnis angehört, in dem der Mündel zu erziehen ist. Nach § 1909 Abs. 1 S. 1 BGB. wird dann ein eigener Pfleger für die rel. Erz. aufgestellt. Besondere Bedeutung haben diese Vorschriften indessen nur noch, wenn die rel. Erz. bei Einleitung der Vormundschaft schon bindend bestimmt ist. Ist das nicht der Fall u. wählt der Vormund oder Pfleger dann mit Genehmigung des VormGer. ein anderes Bekenntnis als das seinige, so wird regelmäßig kein Anlaß bestehen ihm zu mißtrauen u. ihm die rel. Erz. nicht zu überlassen.

V. Übergangsvorschrift zu Abs. 2 (letzter Satz) in § 10.

§ 4.

Verträge über die religiöse Erziehung eines Kindes sind ohne bürgerliche Wirkung.

1. Der Ausschluß der ErzVerträge beruht auf der Erwägung, daß solche Verträge einen unzulässigen Gewissenszwang herbeiführten u. deshalb wie unsittliche Verträge nichtig seien (vgl. BGB. § 138 Abs. 1). Auch spielte der Gedanke mit, daß sie häufig unter dem Eindruck unsachlicher vorübergehender Stimmungen zustande kämen. Diese Gründe sind wenig stichhaltig. Der ErzVertrag war in großen Teilen Deutschlands kraft Gesetzes zugelassen, er regelte für viele Mischehen die rel. Erz. der Kinder fest u. befriedigend. Wesentliche Mißstände haben sich kaum jemals gezeigt. Der Ausschluß des Erz.-Vertrags führt andrerseits zu einer bedenklichen Unsicherheit in der ErzFrage. Er hindert eine bestimmte von vornherein zu überschauende Lösung u. gibt die Möglichkeit einen auf das feierlich gegebene Wort vertrauenden Teil zu täuschen (s. die Einl. II 5).

2. Das Gesetz hat sich nicht getraut den ErzVertrag einfach für nichtig zu erklären, wie es die dem § 4 zugrunde liegenden Gedanken u. die Rücksicht auf Klarheit gefordert hätten. Man hat allzu vorsichtig dem Vertrag nur die bürgerliche Wirkung abgesprochen u. ihn auch nicht förmlich verboten (BGB. § 134). Man wollte seine kirchlichen u. sittlichen Wirkungen unberührt lassen u. setzte sich dadurch in Widerspruch mit dem eigenen Gedankengang: der angeblich unsittliche Vertrag soll sittlich binden. Für die juristische Betrachtung wird es so anzusehen sein, als ob der Vertrag für nichtig erklärt wäre. Man wird deshalb auch annehmen müssen, daß ihn Gerichte u. Notare nicht beurkunden dürfen. Wenn der VormRichter bei seiner Vermittlung einen Vergleich zwischen Eheleuten zustande bringt, in welchem sich diese über eine bestimmte Art der rel. Erz. einigen, so wird er sie darüber zu belehren haben, daß diesem Vergleich keine vertragliche Wirkung zukommt. Das wird auch bei der Beurkundung ausgedrückt werden müssen (s. im übrigen Perels Sp. 611; Spitta S. 6; von der Pfordten Sp. 134).

ErzVerträge, die im Ausland unter Inländern oder Ausländern geschlossen werden, können im Inland nicht anerkannt werden, auch wenn sie nach ausländischem Rechte gültig sind. Denn die Anwendung des ausl. Rechts würde hier gegen den Zweck des deutschen Rechts verstoßen (Art. 30 EGBGB.).

3. Der ErzVertrag kann trotz seiner rechtlichen Unwirksamkeit tatsächliche Wirkungen äußern. Wird nach ihm verfahren, so ist er ein Kennzeichen u. Beweismittel für die Einigung der Eltern i. S. des § 1. Da diese u. U. auch fortwirkt, wenn ein Vormund oder Pfleger als ErzBerechtigter eingetreten ist (§ 3 Abs. 2 letzter Satz), so kann die Wirkung des ErzVertrags auch tatsächlich über den Bestand der Ehe hinausreichen. Der ErzVertrag kann ferner von tatsächlicher Bedeutung sein, wenn nach § 2 Abs. 2 festzustellen ist, in welchem Bekenntnis das Kind „bisher" erzogen worden ist (s. Bem. III 4 b zu § 2).

Die Berufung auf die formelle Ungültigkeit des ErzVertrages kann ferner je nach der Lage des Falls mit einer schweren Täuschung des andern Eheteils verbunden sein u. deshalb eine niedrige Gesinnung offenbaren. Daraus können sich Rechtsfolgen entwickeln, an die der eilfertige Gesetzgeber wahrscheinlich nicht gedacht hat. Das RG. hat in einem so gelagerten Falle die Anfechtung der Ehe zugelassen, weil der Frau ein schwerer Charakterfehler des Mannes erst nachträglich bekannt geworden sei (V. ZS. v. 22. Nov. 1919; BayZR. 1920, 107). Es wäre nicht einmal ausgeschlossen, daß eine schwere Eheverfehlung i. S. des § 1568 BGB. in dem Bruch eines Versprechens erblickt wird, das den andern Teil zur Eingehung der Ehe mitbestimmt hat. Die Berufung auf die gesetzliche Vorschrift ist allerdings auch sittlich unbedenklich, wenn sie aus beachtenswerten Gründen hervorgeht, wenn aber solche fehlen oder wenn es gar von vornherein auf eine Täuschung abgesehen war, kann sie ehrlos u. unsittlich sein. Diese Erwägungen können auch dazu führen, daß gegen einen Elternteil nach § 1666 BGB. eingeschritten wird, der sich sittlicher Pflicht zuwider über den ErzVertrag hinwegsetzt. § 1666 BGB. setzt freilich auch voraus, daß das Wohl des Kindes gefährdet ist. Eine solche Gefährdung kann aber darin liegen, daß der Familienfriede gestört u. das Kind einem Elternteil entfremdet wird oder daß bei dem Zwiespalt zwischen den Eltern eine gedeihliche Erz. nicht möglich ist (s. von der Pfordten Sp. 134, auch BayGemVZ. 1920 Sp. 462). Zum mindesten kann die Stellung zu einem ErzVertrag bei einer Entscheidung nach § 2 Abs. 3 oder der Würdigung des Gesamtverhaltens nach § 1666 BGB. ins Gewicht fallen.

Das Vorstehende kann auch gelten, wenn eine eidliche Verpflichtung mißachtet wird, wie sie die kath. Kirche jetzt von den Brautleuten verlangt.

4. § 4 ist vor dem übrigen Inhalt des Gesetzes in Kraft getreten (29. Juli 1921: § 9). Übergangsvorschrift für ältere Verträge in § 9.

§ 5.

Nach der Vollendung des vierzehnten Lebensjahrs steht dem Kinde die Entscheidung darüber zu, zu welchem religiösen Bekenntnis es sich halten will. Hat das Kind das zwölfte Lebensjahr vollendet, so kann es nicht gegen seinen Willen in einem anderen Bekenntnis als bisher erzogen werden.

1. Das Gesetz greift das sog. Unterscheidungsalter viel zu niedrig u. gibt dadurch den Jugendlichen die gefährliche Freiheit, sich nach eigenem unreifen Ermessen selbst zu erziehen. Das ErzRecht der Eltern bleibt daneben zwar an sich unberührt, kann aber durch die eigenen Entschließungen des Kindes tatsächlich beeinflußt u. auch gehemmt werden. Der Vater kann z. B. genötigt sein, das Kind aus der Unterrichtsanstalt eines geistlichen Ordens herauszunehmen, weil es dem Kind einfällt sein Bekenntnis zu wechseln oder irreligiös zu werden. Nach dem AusschB. (S. 16) wird das eigene Bestimmungsrecht des Kindes auch nicht dadurch ausgeschlossen, daß es in Strafhaft sitzt oder unter FürsorgeErz. steht. Wie sehr dadurch auch in staatliche Maßnahmen eingegriffen werden kann, liegt auf der Hand.

2. Das Kind kann sein Bekenntnis nur dann selbst bestimmen, wenn es geistig soweit entwickelt ist, daß es eine rechtlich zu beachtende Willensentschließung fassen kann. Auch ist sein Wille nur maßgebend, wenn er ernstlich gemeint ist. Dagegen kann nicht mit B o n i n (Bem. 2 zu § 5) gefordert werden, daß der Wunsch des Kindes „ihm nachweisbar Gewissenssache sei"; auch auf die Beweggründe kann es nicht ankommen. Denn in dieser Hinsicht läßt sich Sicheres nicht feststellen u. in das Gesetz lassen sich solche darin nicht enthaltene Einschränkungen nicht hineintragen. Auch ein Einfluß von anderer Seite kann die Entscheidung des Kindes nicht unwirksam machen, soferne es sich nicht etwa um Zwang oder Drohungen handelt.

3. Das Gesetz sagt nur, das Kind dürfe bestimmen, zu welchem Bekenntnis es sich halten wolle. Man muß aber folgerecht dem Kind auch das Recht zugestehen, vom 14. Lebensjahr an selbst zu entscheiden, in wie weit es an rel. Unterrichtsfächern u. an kirchlichen Feiern u. Handlungen teilnehmen will. Denn in dieser Hinsicht ist nach Art. 149 Abs. 2 RV. die Willenserklärung desjenigen maßgebend, der über die rel. Erz. zu bestimmen hat. Das ist aber nach § 5 Satz 1 das Kind selbst. Es kann sich also der Teilnahme am Religionsunterricht u. an Kulthandlungen seines Bekenntnisses entziehen, ohne dieses selbst schlechthin aufzugeben. So wie der Stand der Gesetzgebung einmal ist, kann man dieser unerwünschten u. namentlich für den Schulbetrieb u. U. störenden Folge auch nicht dadurch entgehen, daß man dem Kind die Glaubenswahl zugesteht, die Erz. in dem gewählten Bekenntnisse aber den Eltern vorbehält. Das läßt sich mit den gesetzl. Vorschriften nicht vereinigen, würde übrigens nur dazu führen, daß das Kind dem Versuch eines Zwangs mit dem Kirchenaustritt begegnet (s. BayGemVZ. 1920 Sp. 459 u. 460; Mezger BayZR. 1920 S. 39; Spitta BayZR. 1922 S. 12; von der Pfordten Sp. 223/4).

4. Nach Satz 2 kann das Kind von der Vollendung des 12. Lebensjahres an nicht ohne seine Zustimmung in einem andern Bekenntnis als bisher erzogen werden (über den Begriff der „bisherigen" Erz. s. Bem. III 4 b zu § 2). Die Zustimmung ist nur zu beachten, wenn sie ernst gemeint ist u. wenn das Kind die äußerliche (nicht die rel.) Bedeutung seiner Erklärung verstehen kann. Durch eine Genehmigung des VormGer. kann die Einwilligung des Kindes nicht ersetzt werden. § 5 Satz 2 ist auch beim ErzStreit nach § 2 Abs. 3 zu beachten. Eine unzulässige Beeinflussung durch einen Elternteil kann dem VormGer. Anlaß zu Maßregeln nach § 1666 BGB. geben.

Das ErzRecht der Eltern, des Vormunds oder des Pflegers bleibt im übrigen zwischen dem 12. u. 14. Lebensjahr unberührt. Sie entscheiden gemäß Art. 149

Abs. 2 RV. auch über die Teilnahme an Unterricht u. Kultus.

5. Berechnung des Lebensalters: § 186, § 187 Abs. 2 BGB., Art. 2 EGBGB.

§ 6.

Die vorstehenden Bestimmungen finden auf die Erziehung der Kinder in einer nicht bekenntnismäßigen Weltanschauung entsprechende Anwendung.

1. Art. 135 Satz 1 RV. gewährleistet die volle Glaubens- u. Gewissensfreiheit; die Art. 136, 137 RV. führen diesen Gedanken weiter aus. Staatsrechtlich ist also niemand verpflichtet einer bestimmten Religionsgesellschaft anzugehören oder sich an ihrem Unterricht oder ihren Kulthandlungen zu beteiligen. An sich ist auch niemand verpflichtet seine Kinder einem bestimmten Bekenntnisse zuzuführen oder sie in bestimmten Glaubensformen zu erziehen (s. Art. 149 Abs. 2 RV.). Schon daraus hätte sich ergeben, daß die sog. rel. Erz. i. S. des Gesetzes auch eine „nicht-rel." Erz. sein kann u. daß es sich dabei keineswegs um kirchliche Erz. im engeren Sinn handelt. Auch die Zugehörigkeit zu einer nichtkirchlichen Vereinigung zur gemeinschaftlichen Pflege einer Weltanschauung nach Art. 137 Abs. 7 RV. kann in Frage kommen u. schließlich kann sich auch der Einzelne selbst eine Lebensanschauung zurechtlegen u. seine Kinder darin einführen. M. a. W.: Soweit dem Erz.-Recht nicht allgemeine sittliche Schranken gezogen sind, kann jeder tun, was er mag. § 6 wiederholt eigentlich nur diesen schon aus der RV. zu entnehmenden Grundsatz, drückt ihn aber falsch aus. Dem Wortlaut nach könnte es nämlich so aussehen, als müsse der ErzBerechtigte dem Kinde doch irgendwelche „Weltanschauung" beibringen, in Wahrheit kann er auch davon absehen u. das Kind wild aufwachsen lassen, soferne er es nicht geradezu verwahrlost. Es ist also ein überflüssiges Unternehmen den Begriff der Weltanschauung i. S. des Gesetzes zu ermitteln (s. darüber Anschütz Bem. 11 zu Art. 137 RV. u. Bonin Bem. 1 zu § 6).

Wo nach dem Gesetz die Glaubenswahl in Betracht kommt, ist hiernach zu beachten, daß es sich nicht nur um die Wahl zwischen zwei Bekenntnissen im engeren Sinn sondern auch um die Wahl zwischen rel. u. nicht-rel. Erz. überhaupt handeln kann (s. a. die Einl. unter II 8).

2. Die vorstehenden Grundsätze werden im Einzelfalle dadurch beeinflußt, daß das Gesetz in bestimmten Fällen auf den sachlichen ErzZweck abstellt (§ 2 Abs. 3 Satz 2) u. daß das VormGer. diesen auch sonst zu beachten hat, wo es bei einer Entscheidung freies Ermessen übt (s. § 3 Abs. 2 Satz 2, § 10 Satz 2). Ferner verbietet schon § 1666 BGB. dem Gewalthaber Maßnahmen, die einen Mißbrauch seines Fürsorgerechts oder eine Vernachlässigung des Kindes bedeuten, u. das Gleiche gilt selbstverständlich für den Vormund oder Pfleger. Pflichtgemäß ist nur eine Erz., die mit den allgemeinen sittlichen Anschauungen übereinstimmt, u. daran ändert auch die RV. nichts, wenn sie dem Einzelnen für seine Person volle Freiheit läßt.

§ 7.

Für Streitigkeiten aus diesem Gesetz ist das Vormundschaftsgericht zuständig. Ein Einschreiten von Amts wegen findet dabei nicht statt, es sei denn, daß die Voraussetzungen des § 1666 des Bürgerlichen Gesetzbuchs vorliegen.

I. Es wäre richtiger, wenn das Gesetz von „Verrichtungen" des VormGer. statt von Streitigkeiten spräche. Dieser Ausdruck trifft höchstens für den sog. ErzStreit der Eltern nach § 2 Abs. 3 äußerlich zu; auch hier aber entscheidet der Richter nicht etwa über bestrittene Rechtsansprüche sondern trifft — wenn auch auf Antrag — rechtsgestaltende Anordnungen über die Erz. nach eigenem Ermessen (s. Bem. IV zu § 2). Reine Gestaltungsakte sind die Genehmigung nach § 3 Abs. 2 Satz 2 u. § 10 Satz 2, wie auch die Aufhebung eines ErzVertrags nach § 9 Satz 2; das gilt auch von Anordnungen nach § 1666 oder § 1635 Abs. 1 Satz 2 BGB.

Die Vermittlung des VormGer. (s. § 2 Abs. 3 Satz 1) dient nur dazu, tatsächlich eine Übereinstimmung zwischen den Eltern herbeizuführen; aus ihr können sich dann freilich im weiteren Verlauf auch Rechtsfolgen ergeben. Vergleiche über die Art der Erz. vor dem VormGer. können nach der Natur des Gegenstands nichts als Vollstreckungstitel i. S. von § 794 Abs. 1 Nr. 1 oder 2 ZPO. gelten.

Keinesfalls ist das VormGer. dazu berufen, Streitigkeiten über die Beziehungen eines Kindes zu einer Glaubensgemeinschaft (etwa über Zugehörigkeit, wirksamen Austritt, Beitragspflicht) zu entscheiden.

II. Das Gesetz gibt selbst einzelne Vorschriften für das Verfahren (s. § 2 Abs. 3 Satz 3—5; § 3 Abs. 2 Satz 3 bis 5). Im übrigen gelten die Vorschriften des FGG. (FGG. § 1) u. zwar dessen allgemeine Vorschriften (§§ 1 bis 34), die besonderen über Vormundschaftssachen (§§ 35 bis 64), sowie die Schlußbestimmungen (§§ 185—200). Gemäß § 200 FGG. können die Landesgesetze Vorschriften zur Ausführung u. Ergänzung des FGG. erlassen; solche gelten dann auch für das Verfahren nach § 7.

III. 1. Die Verrichtungen des VormGer. sind reichsrechtlich den Amtsgerichten übertragen (FGG. § 35). Das Landesrecht kann sie aber gemäß Art. 147 EGBGB. auch anderen als gerichtlichen Behörden zuweisen (so in Württemberg, Mecklenburg, Hamburg, s. dazu FGG. § 194). Beschwerdegericht ist die Zivilkammer des Landgerichts (FGG. § 19 Abs. 2, § 30 Abs. 1; s. a. § 195). In dritter Instanz sind die Oberlandesgerichte zuständig; die Landesgesetzgebung kann aber die Entscheidung über weitere Beschwerden einem von mehreren Oberlandesgerichten oder dem Obersten Landesgerichte übertragen (FGG. § 199; für Preußen s. Art. 7, 8 PreußFGG.: Kammergericht; für Bayern Art. 42 Abs. 3, 4 AGGVG.: Oberstes Landesgericht. Für die übrigen Länder ist der Vorbehalt gegenstandslos). Das Reichsgericht wird nur ausnahmsweise zur Wahrung der Rechtseinheit tätig (FGG. § 28 Abs. 2).

2. Die örtliche Zuständigkeit bestimmt sich darnach, ob schon eine Vormundschaft, Pflegschaft oder Beistandschaft für das Kind anhängig ist, wegen dessen eine Verrichtung erforderlich wird. Zuständig ist dann das bereits mit der Sache befaßte Gericht (FGG. § 43 Abs. 2). Das gilt insbesondere für Verfügungen nach § 3 Abs. 2 Satz 2 u. § 10 Satz 2. Liegen diese Voraussetzungen nicht vor — so wohl regelmäßig bei Anträgen nach § 2 Abs. 3 — so bestimmt sich die Zuständigkeit nach § 36 Abs. 1, 2 FGG. (§ 43 Abs. 1). Maßgebend ist also regelmäßig der Wohnsitz oder der Aufenthalt des Kindes. Unanwendbar ist auch bei einem Verfahren nach § 2 Abs. 3 dieses Gesetzes die Vorschrift im § 45 FGG. Denn es handelt sich hier nicht um persönliche Rechtsbeziehungen der Ehegatten untereinander, sondern um das Verhältnis der Eltern zum Kinde. Im übrigen gelten für die Zuständigkeit noch FGG. § 4 (Vorzug des zuerst tätigen Gerichts), § 5 (Bestimmung des zuständigen Gerichts) u. § 7 (Wirksamkeit der Handlungen des örtlich-unzuständigen Richters).

3. Anträge u. Erklärungen können schriftlich gestellt, aber auch beim zuständigen Gericht oder bei einem andern Amtsgericht zu Protokoll des Gerichtsschreibers gegeben werden (FGG. § 11). Beschwerden sind gemäß § 21 bei dem Gericht einzureichen, dessen Verfügung angefochten wird, oder beim Beschwerdegericht u. zwar entweder schriftlich oder zu Protokoll des Gerichtsschreibers. Die weitere Beschwerde unterliegt strengeren Formvorschriften (§ 29); sie muß entweder zu Protokoll des Gerichtsschreibers eingelegt werden (beim Gericht erster oder zweiter oder dritter Instanz) oder in einer Beschwerdeschrift, die von einem Rechtsanwalt unterzeichnet ist. Der Zuziehung eines Rechtsanwalts bedarf es nicht, wenn eine Behörde Beschwerde einlegt. Ob ein Pfarramt unter den gegenwärtigen staatsrechtlichen Verhältnissen als Behörde gelten kann, ist fraglich; jedenfalls kann das nur für die Ämter solcher Religionsgesellschaften gelten, denen die Rechte öffentlicher Körperschaften zukommen (RV. Art. 137 Abs. 4, 5). Geistliche werden deshalb für alle Fälle gut tun, ihre Beschwerden (s. Bem. 6 unten) beim Gerichtsschreiber zu Protokoll zu geben.

Das Auftreten von Beiständen u. Bevollmächtigten ist zulässig (FGG. § 13). Die Bewilligung des Armenrechts richtet sich nach den Vorschriften der ZPO. (FGG. § 14, ZPO. §§ 114 ff.).

4. Von Amts wegen wird nach § 7 Satz 2 eingeschritten, wenn die Voraussetzungen des § 1666 BGB. vorliegen (Mißbrauch des Fürsorgerechts durch die Eltern usw.; s. unten Bem. IV). Das war schon nach dem BGB. Rechtens. Das Gleiche muß übrigens gemäß § 1837, § 1915 Abs. 1 BGB. gelten, wenn das VormGer. kraft seines Aufsichtsrechts gegen pflichtwidrige Handlungen oder Unterlassungen des Vormunds oder Pflegers vorzugehen Anlaß hat. In anderen Fällen wird das Vorm.-Ger. nur auf Antrag tätig. Soweit es nur Genehmigungen erteilt, versteht sich das von selbst u. für die Verrichtungen aus § 2 Abs. 3 u. § 9 Satz 2 ergibt es sich schon aus dem Wortlaute dieser Vorschriften. § 7 Satz 2 ist sonach z. T. zu eng gefaßt, z. T. überflüssig. Auch darf er nicht zu der naheliegenden Annahme verleiten, ein nur auf Antrag einzuleitendes Verfahren werde auch nach den Grundsätzen des Parteiprozesses durchgeführt. Sobald ein Antrag gestellt ist, tritt wieder die Regel des § 12 FGG. in Kraft: das Gericht hat von Amts wegen den Sachverhalt zu ermitteln u. die erforderlichen Beweise aufzunehmen (s. § 15 Abs. 1 FGG.).

5. Die gerichtlichen Verfügungen werden nach § 16 Abs. 1 wirksam mit der Bekanntmachung an die Person, für die sie ihrem Inhalte nach bestimmt sind. Die Sonderfälle des § 53 Abs. 1, § 56 Abs. 2 FGG. (Wirksamkeit mit der Rechtskraft) liegen nicht vor. Insbesondere darf nicht etwa § 53 Abs. 1 FGG. auf die Entscheidungen nach § 2 Abs. 3 dieses Gesetzes bezogen werden: der VormRichter „ersetzt" nicht die fehlende Zustimmung eines Eheteils zu einem Rechtsgeschäft, sondern trifft selbständig eine ErzAnordnung (s. von der Pfordten Sp. 225 Anm. 66; Perels Sp. 670). Da die Beschwerde sonach nicht die sofortige sondern die einfache ist (s. FGG. § 60 Abs. 1 Nr. 6), setzt die Bekanntmachung einer Entscheidung nicht eine Frist in

Lauf; ihre Form richtet sich also nach § 16 Abs. 2 Satz 2 FGG. u. den etwaigen Vorschriften der Landesjustizverwaltung.

Das Gericht kann seine Verfügungen nachträglich ändern, wenn es sie für ungerechtfertigt hält; soweit die Verfügung einen Antrag voraussetzt u. dieser zurückgewiesen wurde, ist eine Änderung ohne neuen Antrag unzulässig (FGG. § 18 Abs. 1). Ist also z. B. im Verfahren nach § 2 Abs. 3 auf Antrag des Vaters gegen den Widerspruch der Mutter ein Glaubenswechsel verfügt worden, so kann das Gericht diese Entscheidung wieder aufheben, wenn es sich später davon überzeugt, daß der ErzZweck eine andere Anordnung gefordert hätte. Hat es aber einem Antrage des Vaters auf Vornahme eines Glaubenswechsels nicht entsprochen, so muß es bis zu neuem Antrage bei dieser Entscheidung bleiben.

6. Die Beschwerde (FGG. § 19) ist die einfache nicht die sofortige (s. oben 3 u. 5). Sie steht nach § 20 FGG. Jedem zu, dessen Recht durch die Verfügung beeinträchtigt ist; soweit eine Verfügung nur auf Antrag erlassen werden kann u. der Antrag zurückgewiesen ist, kann sie nur der Antragsteller einlegen. Das Beschwerderecht wird jedoch bedeutend erweitert durch § 57 FGG. Von den dort aufgeführten Fällen sind hier von Belang:

a) Nr. 8. Wird der Anordnung einer der in den §§ 1665 bis 1667 BGB. vorgesehenen Maßregeln abgelehnt oder eine solche Maßregel aufgehoben, so sind die Verwandten u. Verschwägerten des Kindes beschwerdeberechtigt. Das gilt also insbesondere, wenn auf Grund des § 1666 BGB. Verfügungen eines Elternteils bei der rel. Erz. als pflichtwidrig beanstandet werden.

b) Nr. 9. Enthält die gerichtliche Verfügung eine Entscheidung über eine die Sorge für die Person des Kindes oder Mündels betreffende Angelegenheit, so steht die Beschwerde Jedem zu, der ein berechtigtes — nicht notwendig rechtliches — Interesse hat, diese Angelegenheit wahrzunehmen. Damit kann sich ein Beschwerderecht für Personen ergeben, die zwar nicht erzberechtigt sind, tatsächlich aber die Erz. leiten oder unterstützen (so z. B. für sog. Pflegeeltern; für den unehelichen Vater, der das Kind zu sich genommen hat), insbesondere auch für die berufsmäßigen Hüter der Erz. (Geistliche, Religionslehrer, Lehrer, Anstaltsvorstände, gemeinnützige Vereinigungen für Jugendfürsorge), u. U. auch für die Organe der Armenpflege u. den Gemeindewaisenrat (Beispiele aus der Rechtsprechung s. bei Jastrow-Günther, FGG., 6. Aufl. S. 122/3). Das muß auch für den sog. ErzStreit der Eltern nach § 2 Abs. 3 gelten; die Entscheidung des VormGer. betrifft auch hier die Erz. des Kindes, also dessen persönliche Angelegenheiten, nicht Rechtsbeziehungen zwischen den Ehegatten, mögen auch deren Meinungsverschiedenheiten das Verfahren in Lauf setzen (unzutreffend Bonin, Bem. 15 zu § 2, nicht klar auch Besig S. 14).

Die Beschwerde kann auf neue Tatsachen u. Beweise gestützt werden (FGG. § 23). Die weitere Beschwerde dagegen ist nur zulässig, wenn die Entscheidung auf einer Verletzung des Gesetzes beruht (FGG. § 27). Die tatsächlichen Feststellungen des Beschwerdegerichts sind unangreifbar. Soweit es über Ermessensfragen entschieden, z. B. nach § 2 Abs. 3 den ErzZweck zugrunde gelegt hat, kann die weitere Beschwerde nur rügen, daß ein Gesichtspunkt zu Unrecht hereingezogen oder außer Acht gelassen worden sei. Das Ermessen bei dem tatsächlichen Urteil über die ErzFrage kann nicht nachgeprüft werden. Eine Rechtsfrage liegt z. B. vor, wenn es sich darum handelt, ob rein rel. Wertungen berücksichtigt werden dürfen oder ob auch Wünsche Verwandter maßgebend sein können. Eine rein tatsächliche Ermessensfrage ist es dagegen z. B., ob im Einzelfall anzunehmen ist, daß ein Glaubenswechsel den Familienfrieden dauernd gefährden könnte.

Auch die weitere Beschwerde ist ausgedehnt nach § 57 Nr. 8 und 9 (FGG. § 63).

7. Die Einsicht der Gerichtsakten kann (nicht muß) Jedem insoweit gestattet werden, als er ein berechtigtes Interesse glaubhaft macht; ein rechtliches Interesse ist nicht vorausgesetzt. Das Gleiche gilt von der Erteilung einer Abschrift (FGG. § 34). Geistliche, Lehrer, Anstaltsvorstände, Jugendfürsorge-Vereine usw. werden sich sonach in der Regel über ein gerichtliches Verfahren wegen eines ihrer Fürsorge anvertrauten Kindes auf dem Laufenden halten können.

8. Für die Kosten gelten die Landesgesetze (Preußen: FGG. Art. 9—14; Bayern: AGBGB. Art. 131). Wegen der Auslagen der am Verfahren nicht unmittelbar beteiligten aber vor einer Entscheidung zu hörenden Personen (Verwandte, Verschwägerte, Lehrer) verweist das Gesetz in § 2 Abs. 3 Satz 4 u. in § 3 Abs. 2 Satz 4 auf § 1847 Abs. 2 BGB. Hiernach sind die Auslagen aus dem Vermögen des Kindes zu erstatten; ihren Betrag setzt das VormGer. fest. Die Eltern können Ersatz der Auslagen nicht beanspruchen; das Gesetz stellt sie ausdrücklich in Gegensatz zu den Verwandten u. Verschwägerten (AusschB. S. 24, Spitta S. 11, von der Pfordten Sp. 200, gegen Bonin Bem. 22 zu § 2 u. Besig S. 13).

9. Auch die Vollstreckung richtet sich nach Landesrecht, soweit sie der Natur der Sache nach überhaupt denkbar ist (Preußen: FGG. Art. 15—17; Bayern: AGBGB. Art. 130). Vielfach werden aber die Entscheidungen des VormGer. nicht mit unmittelbarem Zwange durchgesetzt werden können. Dann bleibt nichts übrig, als gegen einen widerstrebenden Elternteil nach § 1666 BGB. einzuschreiten, gegen den Vormund oder Pfleger aber nach §§ 1837, 1886, § 1915 Abs. 1 BGB. vorzugehen (Spitta S. 9; von der Pfordten Sp. 199).

IV. Die Vorschrift des § 1666 BGB. gewinnt jetzt erhöhte Bedeutung, weil § 7 ausdrücklich auf sie verweist. Damit ist eine Frage gelöst, an die man früher nur zaghaft herantrat, ob nämlich elterliche Verfügungen bei der rel. Erz. zu einem Einschreiten des VormGer. führen können. Grundsätzlich kann jetzt darüber kein Zweifel mehr bestehen. Dagegen ist es schwer, die Grenze zu ziehen, an der die verfassungsmäßig gewährleistete Freiheit der Glaubenswahl aufhört u. die Pflichtwidrigkeit beginnt (s. zum folgenden insbesondere BayGemVZ. 1920 Sp. 460ff.; Spitta S. 10; von der Pfordten Sp. 202; ferner oben Bem. IV 3 c d zu § 2, die Bem. zu § 6 u. **Bem. 3 zu § 4**).

§ 1666 BGB. setzt nach herrschender Meinung ein pflichtwidriges Verhalten der ErzBerechtigten voraus: Mißbrauch des Rechts der Sorge für die Person oder Vernachlässigung oder ehrloses oder unsittliches Verhalten; ferner muß das geistige oder leibliche Wohl des Kindes durch die Pflichtwidrigkeit gefährdet sein, andre Personen — insbesondere der andre Elternteil — werden an sich nicht geschützt. Es ist klar, daß der Gebrauch eines verfassungsmäßigen Rechts für sich allein keine Pflichtwidrigkeit bedeuten kann; aus der Wahl der Glaubensform oder aus der Unterlassung jeglicher rel. Erz. kann deshalb noch kein Anlaß zum Einschreiten nach § 1666 entnommen werden. Andrerseits kann der Gebrauch jedes Rechts in einen Mißbrauch ausarten. Ein Mißbrauch ist es z. B., wenn das Recht der Glaubenswahl überhaupt nicht zu ErzZwecken benützt wird sondern zu Erpressungen oder Kränkungen gegenüber der Ehefrau. Eine Vernachlässigung des Kindes kann je nach den Umständen der Mangel jeglicher rel. Erz. bedeuten, wenn Gefahr besteht, daß er auch zu einer sittlichen u. geistigen Verwahrlosung führt (man braucht dabei nicht nur an das absonderliche Beispiel von Bonin in Bem. 4 zu § 7 zu denken, daß das Kind zum Fetisch-Anbeter erzogen wird). Ein ehrloses oder unsittliches Verhalten kann schließlich in dem Bruch eines früheren ernstlichen Versprechens gefunden werden, namentlich dann, wenn dieses Versprechen dazu diente, die Eheschließung oder vermögensrechtliche Vorteile zu erschleichen. In allen diesen Fällen kann auch das Wohl des Kindes gefährdet sein, weil die Unzuverlässigkeit des ErzBerechtigten dargetan ist oder weil der ganze Zusammenhalt der Familie auf dem Spiele steht.

§ 8.

Alle diesem Gesetz entgegenstehenden Bestimmungen der Landesgesetze sowie Artikel 134 des Einführungsgesetzes zum Bürgerlichen Gesetzbuch werden aufgehoben.

1. Die Aufhebung der Landesgesetze ergab sich schon aus Art. 13 Abs. 1 RV., wonach das Reichsrecht das Landrecht bricht. Den Landesrechten bleibt auch für die Zukunft höchstens die Möglichkeit, gemäß § 200 FGG. ergänzende Vorschriften über das Verfahren in der freiw. Gerichtsbarkeit zu erlassen, die dann auch in ErzStreitigkeiten nach diesem Gesetze zu beachten sind.

2. Nicht ohne weiteres klar ist das Verhältnis dieses Gesetzes zum ausländischen Recht. Die Zweifel entstehen insbesondere dadurch, daß man bei den Beratungen über das Gesetz geflissentlich betont hat, das Gesetz regle eigentlich nur die bürgerlich-rechtliche Seite der Angelegenheit (s. darüber die Einl. unter I). Wäre das in dieser Form richtig, so käme man auf Grund der Vorschriften des EGBGB. in weitem Maße zur Anwendung ausländischen Rechts u. damit in endlose Schwierigkeiten. In Wahrheit ist aber das Gesetz keineswegs rein bürgerlich-rechtlich. Zwar verweist es im wesentlichen auf Vorschriften des BGB. u. bezieht die Entscheidungen über die rel. KErz. in das vormundschaftsgerichtliche Verfahren ein. Aber gerade indem es das tut, indem es von einer gesetzlichen Zuweisung absieht u. jede verwaltungsrechtliche Zuständigkeit ausschließt, trifft es auch öffentlich-rechtliche Vorschriften: es führt die in der RV. niedergelegten Grundgedanken der Grenzscheidung zwischen Staat u. Kirche im einzelnen aus, es erweitert die in Art. 135, 136, 149 Abs. 2 RV. ausgesprochenen kirchenstaatsrechtlichen Sätze. Keinesfalls kann es deshalb auf einem Umweg über die zwischenstaatlichen Vorschriften des bürgerlichen Rechts dazu kommen, daß kirchenrechtliche Bestimmungen ausländischer Rechte (etwa über gesetzliche Zuweisung, Glaubenszwang, Rechte geistlicher Stellen, öffentlich-rechtliche Zuständigkeiten, Unterscheidungsalter u. dergl.) in Deutschland angewendet werden müßten. Vielmehr muß der Geltungsbereich des Gesetzes ebensoweit gezogen werden als der des Art. 135 Satz 1 RV. Danach genießen „alle Bewohner des Reichs" volle Glaubens- u. Gewissensfreiheit. Auf die Staatsangehörigkeit kann es also insoweit nicht ankommen, als das Gesetz selbst Regeln aufstellt. Diese werden vielmehr bei einer in Deutschland zu treffenden Entscheidung für Jeden zu gelten haben, der sich nicht nur vorübergehend im Reiche aufhält. Die Geltung des Gesetzes wird auch nicht voraussetzen, daß die Beteiligten im Inland Wohnsitz haben (BGB. § 7); auch ständiger Aufenthalt im Inland kann genügen.

Ausländisches Recht kann dagegen gemäß dem EGBGB. insoweit maßgebend sein, als das Gesetz auf die bürgerlich-rechtliche Fürsorgepflicht, das Rechtsverhältnis zwischen Eltern u. Kindern u. die Befugnisse sonstiger ErzBerechtigter abgestellt ist. Denn in diesem Punkt handelt es sich um rein privatrechtliche Vorschriften (s. EGBGB. Art. 18, 20, 22, 23). Wegen der ErzVerträge im Ausland s. Bem. 2 Abs. 2 zu § 4.

Beispiel: Von welchem Zeitpunkt an ein im Inland wohnender Ausländer selbst sein rel. Bekenntnis bestimmen kann, ist stets nach § 5 Satz 1 zu entscheiden. Denn diese Vorschrift ist nur ein Ausfluß der Grundbestimmungen der RV. Dagegen bestimmt sich z. B. nach ausländischem Rechte, inwieweit der ausländischen unehelichen Mutter die ErzGewalt über ihr ausländisches uneheliches Kind zusteht.

§ 9.

Verträge über religiöse Erziehung bleiben in Kraft, soweit sie vor Verkündung dieses Gesetzes abgeschlossen sind. Auf Antrag der Eltern oder des überlebenden Elternteils wird ein bestehender Vertrag durch Beschluß des Vormundschaftsgerichts aufgehoben.

1. Satz 1 enthält in ungeschickt versteckter Form den Ausspruch, daß die Vorschrift über ErzVerträge (§ 4) im Gegensatz zum übrigen Inhalte des Gesetzes (§ 11) schon am 29. Juli 1921, dem Tage der Verkündigung, in Kraft getreten ist. Die in der Zeit vom 29. Juli 1921 bis zum Januar 1922 geschlossenen Verträge sind hiernach hinfällig, auch wenn sie amtlich verlautbart u. in Unkenntnis des Gesetzes eingegangen worden sind.

2. a) Verträge aus der Zeit vor dem 29. Juli 1921 bleiben in Kraft, wenn sie nach dem bisherigen Landesrecht zulässig, formgerecht geschlossen u. nach den allgemeinen Vorschriften des bürgerlichen Rechts wirksam waren. Das VormGer. hebt sie jedoch durch Beschluß auf, wenn das beide Eltern oder nach dem Tode eines Teils der überlebende beantragen. Der Übereinstimmung der Eltern bedarf es nicht nur während des Bestehens der Ehe sondern auch nach der Scheidung. Dem Tod eines Elternteils steht die Todeserklärung gleich (BGB. § 18 Abs. 1). Die fehlende Zustimmung kann weder vom VormGer. ersetzt noch sonst irgendwie erzwungen werden.

b) Das VormGer. hat nur zu prüfen, ob die äußeren Voraussetzungen der Aufhebung vorliegen. Ist das der Fall, so muß dem Antrag stattgegeben werden. Ein Ermessen steht dem VormGer. nicht zu, insbesondere ist der ErzZweck nicht maßgebend. Mit der Aufhebung des Vertrags ist an sich über die weitere rel. Erz. des Kindes noch nichts bestimmt. Sie richtet sich nach den Vorschriften in den §§ 1, 2. In der Regel wird anzunehmen sein, daß der der Aufhebung zustimmende Ehegatte auch mit dem Wechsel des Bekenntnisses einverstanden ist, so daß ein ErzStreit nach § 2 Abs. 3 nicht eintreten wird.

c) Wenn das Kind schon das 12. Lebensjahr vollendet hat u. in dem früher vereinbarten Bekenntnis auch tatsächlich erzogen wurde, so hat der Antrag auf Aufhebung des Vertrags nur dann einen Sinn, wenn auch das Kind einem Glaubenswechsel zustimmt (§ 5 Satz 2). Mit dem Tode beider Eltern wird der Vertrag für jeden später eintretenden ErzBerechtigten unabänderlich (s. jedoch § 10).

§ 10.

Wenn beide Eltern vor dem Inkrafttreten dieses Gesetzes verstorben sind und über die religiöse Er-

ziehung in einem bestimmten Bekenntnis nachweisbar einig waren, so kann der Vormund bestimmen, daß sein Mündel in diesem Bekenntnis erzogen wird. Er bedarf zu dieser Bestimmung der Genehmigung des Vormundschaftsgerichts.

1. Mit dem Inkrafttreten des Gesetzes (§ 11) erlangt der nach bürgerlichem Recht ErzBerechtigte die Befugnis, innerhalb der Schranken des Gesetzes (§§ 1 bis 3, 5) über die rel. Erz. zu bestimmen. Eine gesetzliche Zuweisung nach dem früheren Recht bindet ihn nicht mehr. Dagegen behält die tatsächliche Erz. auf Grund des bisherigen Rechts auch nach dem 1. Januar 1922 Bedeutung: ein Elternteil kann sie nicht ohne Zustimmung des andern ändern (§ 2 Abs. 2), ein allein erzberechtigter Vormund oder Pfleger kann überhaupt nichts ändern (§ 3 Abs. 2 letzter Satz). Im Falle des § 5 Satz 2 muß auch das Kind der Änderung zustimmen.

Im übrigen wirkt das neue Recht auch gegenüber gerichtlichen Entscheidungen, die vor dem 1. Januar 1922 ergangen sind. Sie sind gegebenen Falls aufzuheben (§ 18 FGG.). Rechtskraftwirkungen können nicht in Betracht kommen, auch nicht bei verwaltungsgerichtlichen Entscheidungen auf Grund des bisherigen Rechts. Denn die Rechtslage ändert sich sachlich auf Grund des neuen Gesetzes u. es entstehen u. U. ErzRechte, die es nach dem bisherigen Recht nicht gab.

2. § 10 macht eine Ausnahme von dem Grundsatz, daß der Vormund eine frühere Bestimmung über die rel. Erz. nicht ändern kann (§ 3 Abs. 2 letzter Satz). Sie gilt trotz des Wortlauts auch für einen etwa nach § 1801 u. § 1909 Abs. 1 Satz 1 aufgestellten Pfleger.

Waren beide Eltern vor dem 1. Januar 1922 über die rel. Erz. in einem bestimmten Bekenntnisse einig, so kann — nicht muß — das Kind mit Genehmigung des VormGer. u. gegebenen Falls mit seiner Zustimmung (§ 5 Satz 2) diesem Bekenntnisse zugeführt werden (s. AusschB. S. 21/2). Dabei ist an den Fall gedacht, daß die Eltern übereinstimmend von einer früheren gesetzlichen Zuweisung oder auch von einem früheren gültigen ErzVertrag abweichen wollten, diese Absicht aber tatsächlich nicht mehr ausführen konnten. Der Vormund hat pflichtgemäß zu prüfen, ob es dem Wohle des Kindes dient, daß von der gesetzlichen Ermächtigung Gebrauch gemacht wird. Das VormGer. wird nur in seltenen Ausnahmefällen Anlaß haben, ihm einen Antrag hiezu nahezulegen (s. Besig S. 17). Es ist auch im Gegensatz zum Falle des § 9 nicht verpflichtet, die Genehmigung zu erteilen (s. Perels, Sp. 673; a. M. Bonin, Bem. 3 zu § 10). Vielmehr wird es bei den allgemeinen Grundsätzen des bürgerlichen Rechts bleiben, wonach das Ermessen des VormGer. darüber entscheidet, ob eine Genehmigung dem Wohle des Kindes dient. Dabei wird zu beachten sein, daß sich in der Zeit zwischen der Einigung der Eltern u. der Entscheidung die Verhältnisse geändert haben können, so daß die Ausführung des früheren Entschlusses jetzt vielleicht gar nicht mehr im Sinne der Eltern läge.

§ 11.

Das Gesetz tritt am 1. Januar 1922 in Kraft. Der Reichspräsident ist jedoch ermächtigt, das Gesetz für ein Land im Einvernehmen mit der Landesregierung zu einem früheren Zeitpunkt in Kraft zu setzen.

1. Die Vorschrift über die Unwirksamkeit von Erz.-Verträgen (§ 4) ist schon mit der Verkündung des Ges. (29. Juli 1921) in Kraft getreten (§ 9 Satz 1).

2. Von der Ermächtigung des Satz 2 wurde für Preußen Gebrauch gemacht. Das Ges. wurde dort am 1. Okt. 1921 in Kraft gesetzt (VO. v. 8. Sept. 1921, RGBl. 1263).

Sachregister.

(Zahlen = Seiten)